LES TROIS SOURCES

DE BARBAZAN.

Les exemplaires voulus ayant été déposés, tout contrefacteur sera poursuivi conformément aux lois.

Toulouse, Impr. Gibrac OUVRIERS RÉUNIS, r. St-Pantaléon, 3.

LES TROIS SOURCES

DE

BARBAZAN

ET LEURS ENVIRONS.

DÉTAILS SUR SAINT-BERTRAND DE COMMINGES , SAINT-BÉAT ,
LA VALLÉE D'ARAN , &. &.

Par J.-C. DESCAILLAUX.

———o——o———

Prix : 2 Francs.

———o——o———

SE VEND :

TOULOUSE . { GIMET , Libraire , rue des Balances ;
DUFOUR , Libraire , en face l'Archevêché :
DELBOY , Libraire , rue de la Pomme.

—

1854.

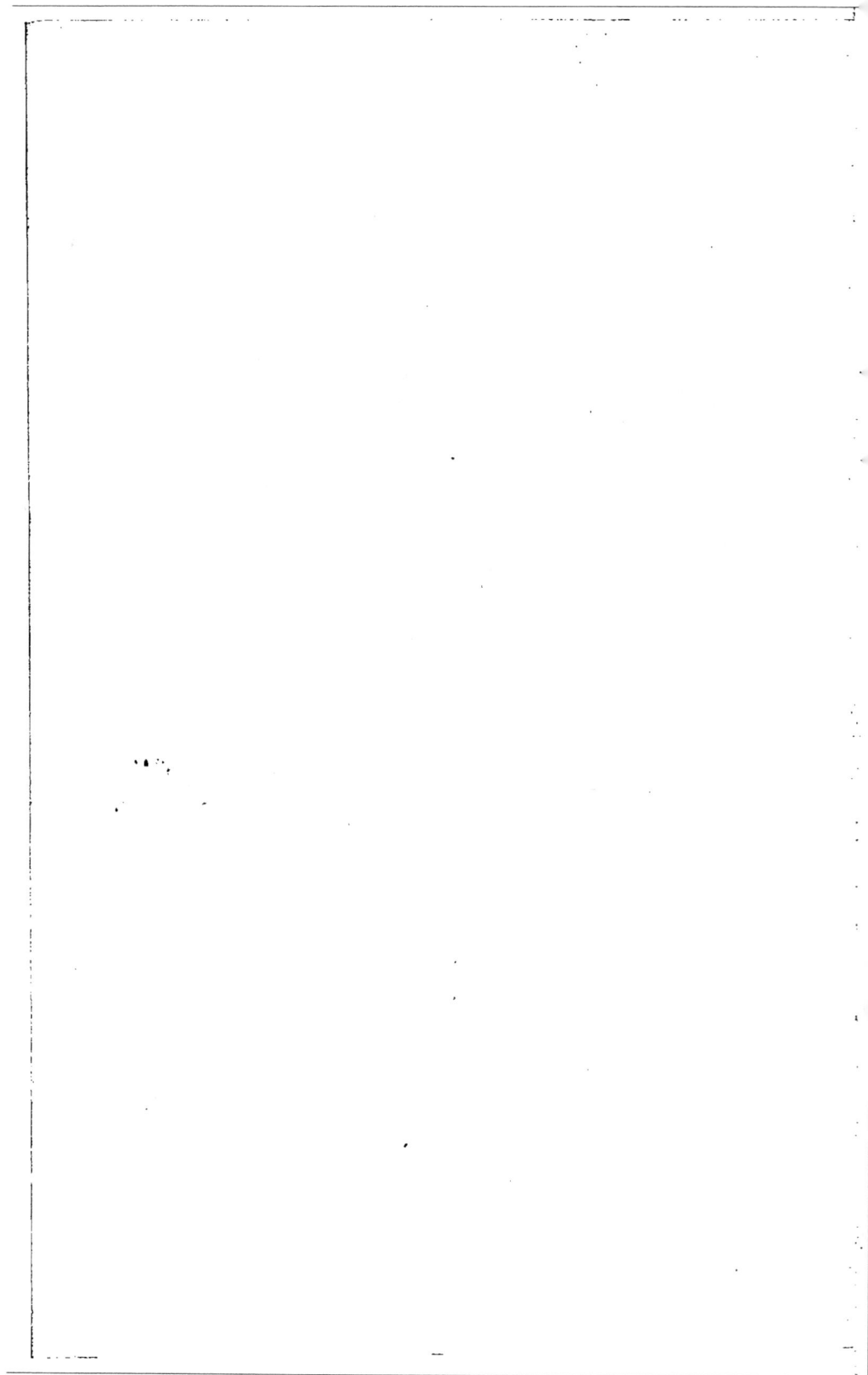

A LA MÉMOIRE D'UN PÈRE,

D'UNE ÉPOUSE, D'UN FRÈRE,

DES OBJETS A JAMAIS CHÉRIS QUE J'AI PERDUS !!!

A MA MÈRE,

A ma Famille, à mes Amis,

Aux Médecins, aux Malades, aux Touristes !

J.-C. DESCAILLAUX

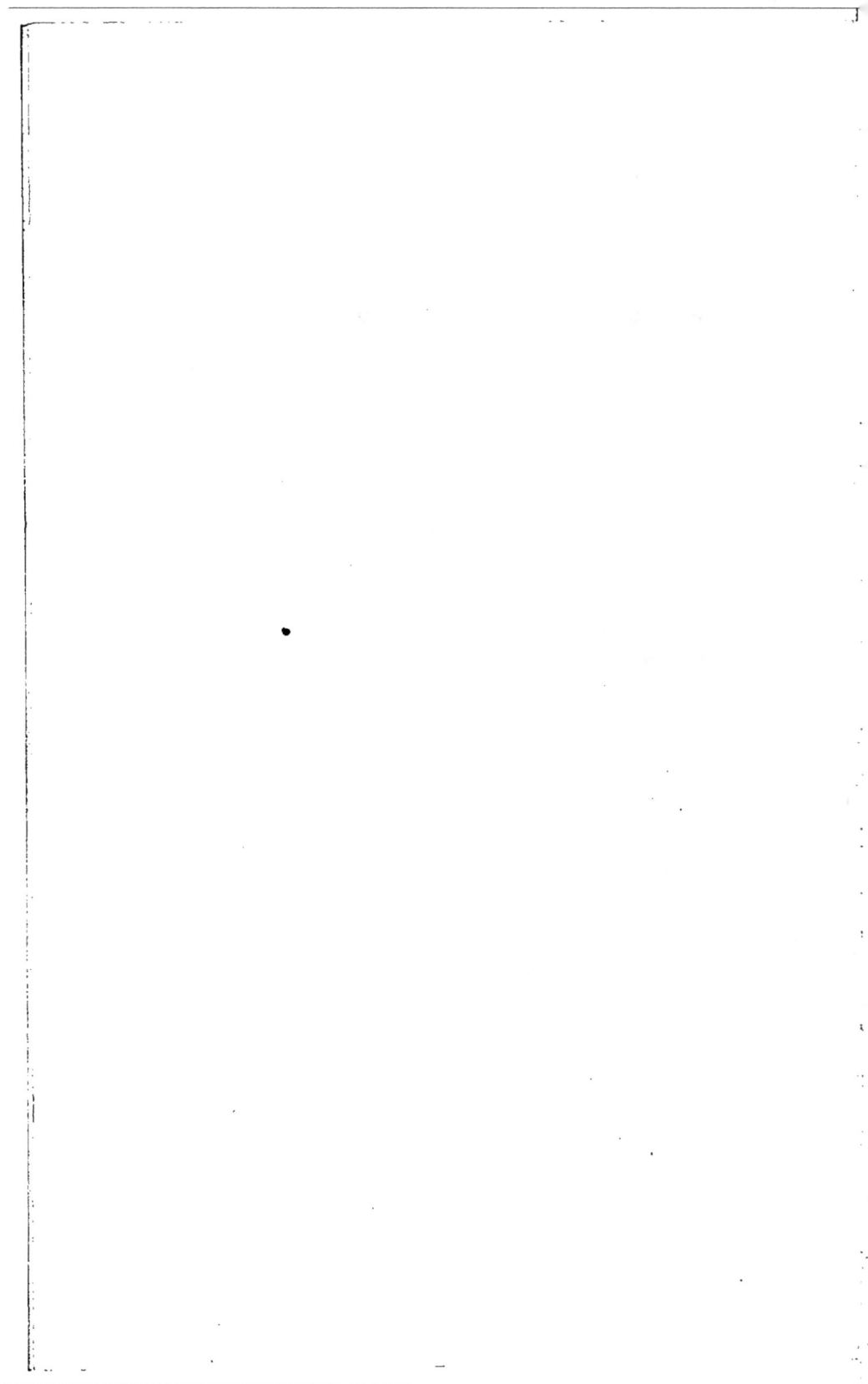

AVANT-PROPOS.

Parmi cette multitude de sources minérales que la nature a placées dans les
Pyrénées, il en est assurément bien peu
qui offrent à l'art de guérir des ressources aussi variées et aussi efficaces que les
Trois Sources de Barbazan.

Cette assertion, qui peut sembler étrange, si l'on ne considère que le peu de
publicité dont jouissent ces Eaux, com-
parativement à celles des deux Bagnères,
de Cauteretz, et de tant d'autres sources
célèbres des Pyrénées, cessera de paraître telle dès qu'on saura que la réputation
des Eaux de Barbazan n'a cessé de grandir,
malgré les privations de toute sorte qu'ont
été obligées de supporter, jusqu'à ces derniers temps, les personnes qui ont voulu
en faire usage.

L'avenir des *Trois Sources de Barbazan* n'est plus douteux aujourd'hui;
les heureux résultats d'une expérience de

bien des années, et la large part que leur assigne, dans la guérison des diverses maladies, l'analyse d'un grand chimiste, ouvrent, pour ces Eaux, une ère de prospérité qui ira toujours croissant.

Mon désir, en écrivant cette Notice, a été d'étendre, autant au moins qu'il pouvait dépendre de moi, le cercle trop étroit qui circonscrit leur réputation.

Je regrette de ne pouvoir offrir au Public qu'un travail bien imparfait; toutefois, si celui qui dirige ses efforts vers ce qui peut être utile à l'humanité souffrante, mérite l'indulgence, je crois y avoir quelques droits.

Afin d'être plus méthodique, j'ai divisé ce petit ouvrage en trois parties : La première, comprend les Analyses chimiques des Eaux Minérales de Barbazan, et tout ce qui a, avec ces Eaux, un rapport direct ou indirect ; la deuxième, traite de leurs environs ; l'analyse de certaines Eaux, dont la composition chimique paraît analogue à celle des *Trois Sources*, fait le sujet de la troisième partie.

PREMIÈRE PARTIE.

HISTOIRE DES EAUX MINÉRALES.

————o—⊝—o————

« Ce fut le hasard , dit M. Verdo (1), qui révéla d'abord la puissance des Eaux minérales. Les premiers malades qui y avaient trouvé la santé engagèrent d'autres malades à en faire usage; les guérisons se multiplièrent et c'est ainsi que leur renommée a traversé les âges par une suite de succès non interrompus.

» Dès la plus haute antiquité , les Grecs connaissaient déja les sources d'Eaux minérales et les regardaient comme un bienfait de la divinité. Hippocrate, Aristote, et plusieurs autres auteurs en font mention dans leurs ouvrages et signalent

(1) *Précis sur les Eaux minérales des Pyrénées.*

les services qu'elles rendaient dans plusieurs maladies. Les Romains faisaient aussi un grand usage
de ces Eaux, et le golfe de Naples, où elles se
trouvent en abondance, était devenu le rendez-
vous de tous les hauts personnages de l'Italie.
Partout où s'étendit la domination romaine, les
sources minérales furent très-fréquentées, et,
en France, on retrouve, à Aix en Provence, au
Mont-d'Or, aux Pyrénées, etc., etc., des traces
du passage de ce peuple. » Des médailles celtiques
trouvées dans les environs des bains de Rennes,
dans le département de l'Aude, attestent que ces
Eaux étaient connues même avant l'arrivée des
Romains dans les Gaules. « Au moyen-âge, les
Eaux thermales furent pendant quelque temps
délaissées et tombèrent dans le domaine du charla-
tanisme et de la superstition, qui les exploitèrent;
mais, vers le XVIe siècle, lorsque la médecine
sortit enfin des ténèbres de la barbarie, elles reprirent leur première importance, qui, depuis,
s'est accrue chaque jour; et, grâce aux progrès
de la chimie et aux nombreuses observations de
médecins éclairés et consciencieux, elles occu-
pent, aujourd'hui, une des premières places dans
la thérapeutique. »

De nos jours, tout le monde apprécie les vertus des sources minérales. Tout le monde va chercher, auprès d'elles, un remède ou un soulagement à ses maux, une distraction à ses ennuis, un délassement à ses peines ; les diverses stations thermales sont, dans la saison des eaux, le rendez-vous de toutes les classes de la société.

« Là viennent tous les ans, exacts au rendez-vous,
Les vieillards écloppés, un jeune essaim de fous,
La sottise, l'esprit, l'ennui, le ridicule ;
Le vaudeville court, l'épigramme circule :
Là, la coquette vient, réparant ses attraits,
Aux fats de tout pays tendre encor ses filets ;
Là, même lieu rassemble et l'aimable boudeuse,
Et la jeune éventée, et la vieille joueuse,
Que l'aube, au tapis vert, surprend à son retour
Veillant toute la nuit et se plaignant le jour.
Plus la foule est nombreuse, et plus elle est active ;
L'un vient et l'autre part, l'un part et l'autre arrive (1). »

(1) Delille, les Trois Règnes, chant 3e.

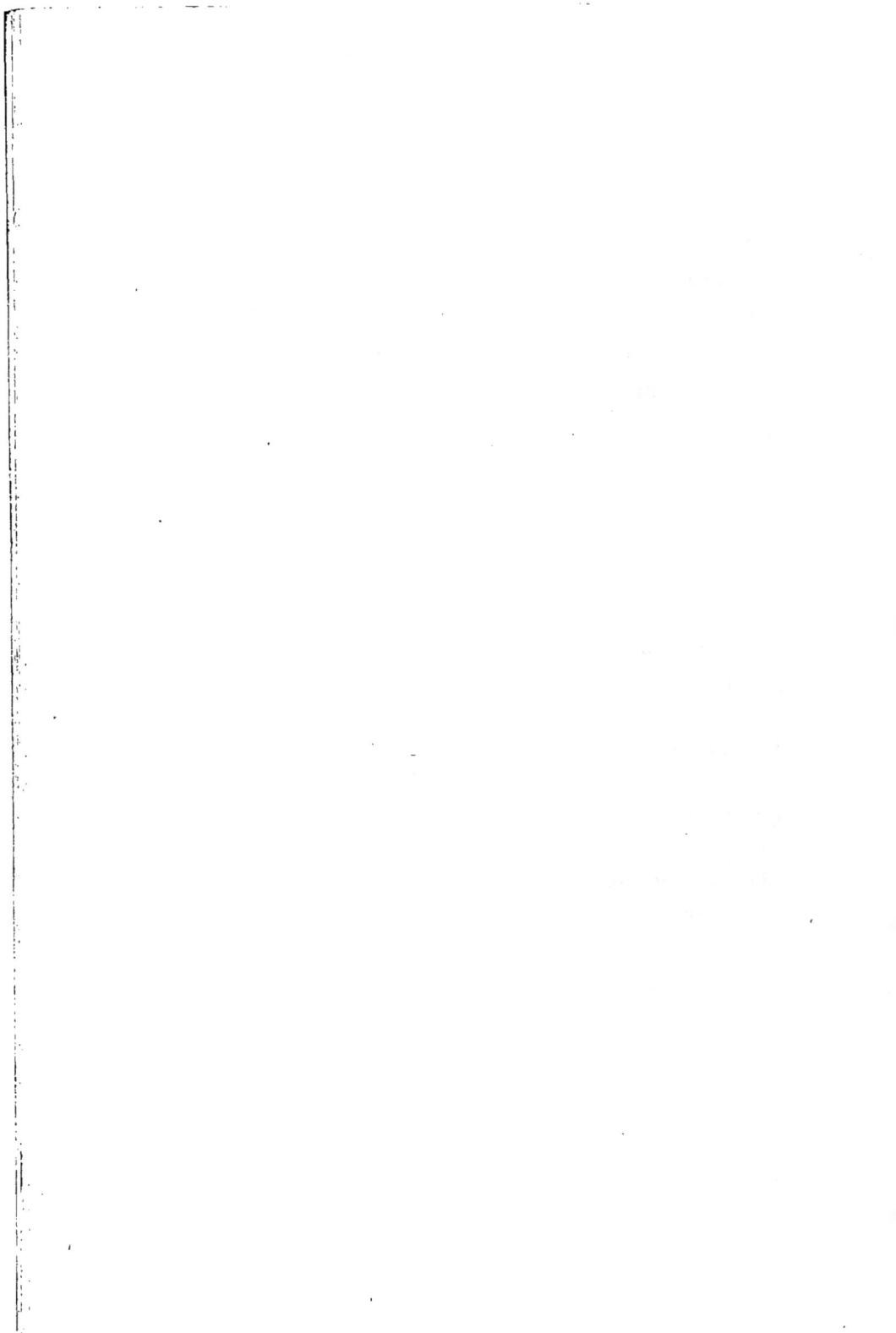

THERMES DE BARBAZAN.

L'établissement thermal de Barbazan est situé dans la partie orientale de la vallée de Comminges, à quatre kilomètres de Saint-Bertrand , huit de Montréjeau , et douze de Saint-Gaudens.

Cet établissement , qui consista pendant bien des années en une modeste cabane où étaient renfermées deux baignoires de bois , fut considérablement agrandi en 1846.

Il est alimenté, aujourd'hui, par trois sources, qui sont exploitées par huit cabinets de bains et deux buvettes. Une galerie large et commode s'étend d'un côté à l'autre des thermes , et sert de salle d'attente aux baigneurs.

Les Eaux minérales de Barbazan sont connues depuis longtemps dans la contrée. C'est ce qui ressort, en effet, du passage suivant, extrait d'un Mémoire , conservé à la bibliothèque, dite du clergé , à Toulouse , sur les pays et les états de Bigorre , Nébouzan , Soule et Labour :

« En se rapprochant de la grande chaîne des » Pyrénées, on trouve, à Barbazan , une source » thermale bien connue dans la contrée. M. de » Froidour, commissaire départi par Louis XIV, » dit dans ses mémoires manuscrits, après avoir » parlé de la source de Capvern : « Barbazan en a une pareille, qui est un peu plus chaude et purge davantage, laquelle M. le marquis de Saint-Luc, lieutenant-général pour le roi, au gouvernement de Guyenne, a mise en réputation, ayant accoutumé d'y aller toutes les années. Il y a en ce lieu plus de commodités qu'à Capvern, parce que l'on est plus proche des villes , et qu'il y a un gentilhomme fort secourant : ce lieu et même celui de Sauveterre produisent quantité de très-beaux marbres gris, noirs et jaspés, que l'on tire pour le bâtiment du Louvre. »

Tout porte à penser que les sources de Barbazan faisaient partie de celles dont Pline et

Strabon signalent l'existence dans le pays des Convenœ. On ne trouve point autour de l'établissement actuel des bains des traces de monuments anciens ; mais cela ne prouve point qu'il n'en ait existé. Ces édifices auront disparu, sans doute, comme tant d'autres dont on ne soupçonnerait pas même aujourd'hui l'existence, si la tradition ou l'histoire n'en avaient conservé le souvenir.

Ceux qui ont fait usage de l'eau de Barbazan savent les effets qu'elle produit. Or, ce sont, selon toute apparence, ces effets merveilleux qui ont fait dire à Strabon qu'il existe dans le pays des Convenœ une eau excellente pour prendre en boisson. *Aqua ad potum optima*, dit Casaubon, son traducteur.

Quoi qu'il en soit de toutes ces conjectures, la vertu salutaire des Eaux minérales de Barbazan est aujourd'hui un fait incontestable. Le docteur Saint-André l'avait constaté déjà en 1811. Son analyse n'est pas sans mérite ; mais les progrès que la chimie a faits dans ces derniers temps, et la découverte, dans la composition de certaines eaux minérales, de plusieurs corps entièrement inconnus à l'époque où écrivait Saint-André, faisaient désirer aux médecins une analyse plus

récente, plus complète. Ce désir a été entendu :
M. Filhol, dont le monde savant reconnaît et
apprécie le mérite et les lumières, a bien voulu
se charger de ce travail. Son analyse et les observations thérapeutiques recueillies par un grand
nombre de médecins distingués, font connaître,
d'une manière certaine, les propriétés chimiques
et médicales de ces eaux, et ne laissent plus
aucun doute sur l'avenir qui leur est réservé.

ANALYSE DES EAUX MINÉRALES DE BARBAZAN.

Par SAINT-ANDRÉ,

Membre de la Société de Médecine de Toulouse, de l'Athénée médical de
Montpellier, Associé national de la Société de médecine
de Paris et d'autres Sociétés de Médecine.

———o—⊖—o———

Dire que l'eau minérale de Barbazan se trouve classée dans la partie du catalogue raisonné de *Carrère*, où ce savant auteur a dressé le tableau des eaux minérales peu connues, et sur lesquelles on a peu ou point écrit, c'est prouver assez la nécessité d'une analyse de cette eau. Elle ne pouvait prendre un rang plus distingué et devenir tout à la fois d'une utilité plus générale et plus facile à déterminer, qu'au moyen d'épreuves chimiques un peu moins incertaines que celles qui ont été tentées jusqu'à ce jour.

Voici tout ce que nous savions de cette eau minérale, d'après Duclos, p. 70 :

« La source minérale, dit-il, est à un demi-quart de lieue et à l'orient du village (1), à douze pieds d'un petit monticule, dans un pré d'une ferme du seigneur de *Barbazan* : elle est tiède. L'eau de cette source a fourni, par l'évaporation, des pellicules blanches et épaisses qui, séchées, ont fait 1/566° du poids de l'eau. Elles contenaient une terre qui est une espèce de craie blanche, et 1/6 de sel semblable au sel commun. »

L'imperfection des connaissances acquises sur l'eau minérale de Barbazan m'a excité à des recherches auxquelles j'ai apporté toute l'attention dont j'ai été capable. Les résultats m'en ont paru assez intéressants pour être exposés dans un certain détail. Ils vont servir à faire connaître : 1o les propriétés physiques et chimiques de cette eau; 2o la nature des principes qui la constituent minérale, et doivent la faire regarder comme

(1) Ceci est une faute topographique ; la source, au lieu d'être à l'est de Barbazan, se trouve à l'ouest, et coule vers le nord-ouest d'une colline, où l'on aperçoit la roche calcaire à nu ; le pré où elle se rencontre est aujourd'hui la propriété d'un particulier ; il appartenait autrefois au Seigneur du lieu.

une de celles qui répondront le mieux à l'attente du médecin, lorsqu'il aura à traiter des maladies pour lesquelles il jugera nécessaire de déterminer des évacuations salutaires par l'usage de quelque eau minérale saline, sans parler de tout ce qui peut en être l'heureuse conséquence, sans parler encore des autres propriétés médicales dont elle jouit peut-être, indépendamment de son effet laxatif.

La source minérale de Barbazan, qui est abondante, est couverte et renfermée dans un très-petit bâtiment d'où elle s'échappe à la faveur d'une rigole profonde, et coule à travers un pré. Elle brunit un peu la vase qui se forme sur son trajet, et notamment celle où elle tombe immédiatement et sur laquelle elle séjourne intérieurement.

De la stagnation dont je parle résulte une légère odeur de gaz hydrogène sulfuré, qui s'exhale de ce limon noirâtre. A la saveur fade que l'on éprouve d'abord en buvant de cette eau, succède, un moment après en avoir avalé une certaine quantité, une saveur évidemment saline : on n'y reconnaît aucune odeur. Sa température s'est trouvée à + 15 degrés, le 4 mai, la chaleur de l'atmosphère étant à + 9 au lever du soleil ; sa pesanteur spécifique est supérieure d'un degré , moins quelques centièmes , à celle de l'eau distillée.

L'analyse par les réactifs , propre à fournir d'avance quelques conjectures , a eu les résultats suivants :

1° La noix de galle en poudre , sa teinture , celle de tournesol , le sirop de violettes , n'ont opéré dans cette eau aucun changement , et n'y ont indiqué ni du fer , ni de l'acide carbonique libre (1) ;

2o Le nitrate de mercure a fait surnager une matière d'un jaune clair , tandis qu'un nuage également jaunâtre a troublé fortement le liquide : il s'est formé ensuite un précipité assez abondant de la même couleur ;

3o Le muriate de barite a déterminé un précipité très blanc et abondant ;

4o La potasse a fortement réagi , en précipitant

_____

(1) Le contraire a été démontré par M. Filhol , comme on peut le voir ci-après , page 31.

une grande quantité de flocons blancs et légers ;

5° Le nitrate d'argent a obscurci le liquide sans le troubler fortement.

La présence de certains acides , tels que l'acide sulfurique , l'acide muriatique , etc. , combinés avec des bases salifiables , comme la chaux , la magnésie, la soude, etc., était facile à préjuger d'après l'emploi de ces réactifs.

J'ai cherché à déterminer , d'une manière positive, au moins autant qu'il a dépendu de moi , et avec toute l'exactitude dont j'ai été capable, la nature des substances contenues dans l'eau minérale de Barbazan, ainsi que les proportions dans lesquelles elles s'y trouvent. Si, sous ce dernier rapport , quelque chimiste , manipulateur plus exercé que moi, rencontrait quelque petite différence , il ajouterait à ce travail un nouveau degré de perfection dont il faudrait lui tenir compte, et dont je lui serais le premier redevable, en prenant toutefois et sa véracité reconnue, et son mérite personnel pour la mesure de son exactitude plus rigoureuse. Que l'on n'oublie pas, néanmoins, que j'ai apporté à la manière de procéder l'attention la plus scrupuleuse.

Evaporations.

Le résidu bien sec d'une évaporation faite avec le plus grand soin de 16 livres d'eau, ancien poids de marc, a été de 4 gros 2 scrupules 2 grains, c'est-à-dire 282 grains, ce qui forme un peu plus de 1/368me du liquide ; la couleur de ce résidu était grisâtre : on y apercevait quelques cristaux irréguliers et brillants.

Analyse du résidu par l'alcool.

Soumis à l'action de l'alcool, dans lequel il a été mis en digestion pendant trois fois vingt-quatre heures, agité de temps en temps dans ce véhicule, il lui a communiqué une couleur un peu jaune.

Le résidu, demeuré sur le filtre et bien séché après cette lessive alcoolique, s'est trouvé avoir perdu 33 grains, et a été reduit, par conséquent, à 249.

L'évaporation de l'alcool s'est faite dans une capsule de verre à l'air libre, principalement par l'action du soleil. Il a resté au fond de cette cap-

sule un sel jaune opaque, dans lequel on apercevait, même à l'œil nu et encore bien mieux à
la loupe, des faisceaux multipliés de petits cristaux soyeux, sous forme d'aiguilles convergentes
et entre-croisées : la saveur en était piquante.

Le poids du verre déduit, il s'est trouvé peser
29 grains, ce qui suppose une perte de 4 grains :
il n'est pas tombé promptement en *deliquium ;*
mais il a attiré visiblement l'humidité de l'air,
est devenu comme gélatineux et a augmenté de
poids (de 2 grains dans une heure).

Dissous en petite quantité dans de l'eau distillée, il a été promptement décomposé par l'acide
sulfurique, qui en a dégagé sur-le-champ, et
pendant un certain temps, une vapeur blanche,
portant à l'odorat une impression très-forte et
bien distincte de gaz muriatique. Quelques gouttes
du même acide sulfurique ont été versées pour
établir la comparaison sur du muriate de soude,
et le dégagement d'une vapeur absolument semblable s'est manifesté.

Enfin l'existence d'un muriate dans le produit
de la lessive alcoolique, a été encore complétement
démontrée par le nitrate d'argent, qui l'a décomposé en s'emparant de l'acide muriatique, lequel

a formé un muriate, sous forme de précipité blanc abondant ; mais le muriate ainsi bien reconnu dans le sel dont il s'agit, était-il un muriate de chaux ou de magnésie ? Il a été dissous dans l'acide sulfurique affaibli ou étendu d'eau, sans qu'il se soit formé de précipité insoluble qui ait indiqué un sulfate de chaux nouvellement formé. Traitée ensuite par la potasse, la liqueur est devenue d'abord louche, puis blanche, et enfin des flocons lents à se réunir ont donné lieu à un précipité léger, flottant et s'attachant aux parois du verre : c'était donc de la magnésie dissoute d'abord par l'acide sulfurique et précipité de ce nouveau composé par la potasse.

Le muriate de chaux a servi de terme de comparaison : il a été précipité sous forme pulvérulente et d'une manière prompte. La couleur terne, une déliquescence moindre, l'apparence gélatineuse, malgré la formation des cristaux en aiguilles comme rompues, ne sont-ce pas là autant de caractères qui, en distinguant assez bien le muriate de magnésie du muriate calcaire, plus brillant, plus déliquescent que le premier, etc., ne laissent absolument aucun doute sur la nature de ce sel !

Solution du résidu à l'eau chaude et froide.

Le résidu pesant 249 grains soumis à l'action de l'eau bouillante (environ cinq onces), lui a communiqué une couleur ambrée et une saveur amère ; il a été tenu dans cette eau plusieurs jours. Une petite quantité a servi à le laver encore à plusieurs reprises, jusqu'à ce qu'il ne lui ait plus communiqué ni couleur ni saveur. Les différentes quantités d'eau employées à ces lotions ont été filtrées et réunies.

Ce résidu ainsi dépouillé de tout ce que l'eau avait pu dissoudre, s'est trouvé réduit à 150 grains, d'où il résulte que l'eau employée à cette seconde opération a enlevé 99 grains.

La lessive aqueuse, d'abord évaporée en partie et d'une manière spontanée par son exposition à la chaleur solaire, a laissé déposer des concrétions salines sur les bords de la capsule, avec des radiments de cristaux d'une saveur fort amère. L'évaporation continuée au bain de sable, les premières lames salines se sont desséchées et boursoufflées, en prenant une couleur très-blanche ; enfin, le centre où l'eau de cristallisation a pu être conservée, a présenté une infinité de cristaux groupés, prismatiques, blancs et enlacés. L'amertume de ce sel était extrêmement prononcée; dissous dans l'eau distillée, il a été décomposé par la potasse, qui en a précipité une matière floconneuse blanche, par laquelle le liquide a été fortement troublé et grumelé. Une autre partie de ce même sel ayant été dissoute pareillement dans de l'eau distillée, et abandonnée plusieurs jours à une évaporation spontanée, il s'est formé de très-beaux cristaux transparents, fort allongés et prismatiques, ayant la saveur propre au sel d'epsom; recueilli exactement avant les dernières épreuves qui ont servi à déterminer sa nature, ce sel, privé d'une grande partie de son eau de cristallisation, comme il a été dit, au lieu de peser 99 grains, a été réduit à 92, ce qui établit une perte de sept grains.

Analyse par l'acide sulfurique et muriatique.

L'acide sulfurique affaibli, versé sur une très-petite quantité de ce résidu, insoluble dans un certain volume d'eau froide ou même bouillante, a opéré le dégagement de bulles avec effervescence, ce qui indiquait un carbonate (sans doute calcaire). L'acide muriatique a présenté le même phénomène, lorsque, affaibli, il a été versé sur le résidu, qui, par son action, a perdu une quantité considérable de son poids, puisqu'il s'est trouvé réduit à 72 grains ; le muriate calcaire qui s'est formé dans cette opération, peut être évalué à un peu moins de 27 grains, à raison de la petite portion soustraite pour l'épreuve de l'acide sulfurique ou de la perte, et donne la mesure du carbonate de chaux, à quelques grains près.

Le dernier résidu ne faisant plus effervescence avec les acides dont il s'agit, et demeuré insoluble dans l'un et l'autre, aurait été suffisamment démontré, par son goût fade et la forme irrégulière de ses cristaux, être un sulfate de chaux ; mais ce qui est plus concluant, c'est que les épreuves par les réactifs propres à décomposer les sels calcaires, ont ajouté à ces premiers caractères de nouvelles et incontestables preuves.

Je pense que l'existence d'un sulfate et d'un carbonate calcaires dans le dernier résidu est suffisamment démontrée, et que les proportions de l'un et de l'autre sont assez bien déterminées, ainsi que celles dans lesquelles les autres sels se trouvent contenus dans l'eau minérale de Barbazan, pour qu'on soit fixé sur ses propriétés médicales.

Seize livres de cette eau donnent :

Sulfate de chaux.	223 grains.
Sulfate de magnésie. . . .	99 id.
Muriate de magnésie. . . .	32 id.
Carbonate de chaux. . . .	27 id.
TOTAL.	282 grains.

Ces vertus sont établies sur une expérience depuis longtemps acquise, et le seront maintenant sur des connaissances chimiques qui ne sont plus équivoques. Le but que je me suis proposé, celui de faire connaître la nature de cette source sur laquelle nous n'avions point encore de bonnes expériences, l'ai-je atteint ? Je dirai que je ne suis point juge dans ma propre cause, et je m'en rapporte, à cet égard, aux lumières des savants à qui j'ai eu l'honneur de soumettre ce travail.

ANALYSE DES SOURCES MINÉRALES DE BARBAZAN.

Par M. E. FILHOL,

Docteur ès-sciences physiques et en médecine, professeur de chimie
à l'Ecole de Médecine de Toulouse, professeur suppléant à la
Faculté des Sciences de la même ville, membre
de plusieurs Sociétés savantes.

———o—⊖—o———

SOURCE PRINCIPALE , SALINE-FERRUGINEUSE.

L'eau minérale de Barbazan est limpide, incolore, inodore ; elle possède une saveur atramen-
taire bien prononcée. La température de cette
eau était, au moment où je l'ai examinée, de
19o 6 , celle de l'air extérieur était, au même
moment, de 21o 20.

Des bulles gazeuses partent, de temps en temps,
du fond de la source et viennent crever à sa

surface ; le gaz qui se dégage ainsi est incolore, inodore, il éteint les corps en combustion, il précipite l'eau de chaux, il est absorbé en partie par la potasse, et jouit, en un mot, de tous les caractères d'un mélange d'acide carbonique et d'azote.

La densité de l'eau de cette source est de 1,0025.

Soumise à l'action de la chaleur, cette eau laisse dégager, longtemps avant d'entrer en ébullition, des bulles de gaz dont le nombre et le volume augmentent à mesure que la température s'élève. Un litre d'eau maintenu en ébullition pendant un quart-d'heure a fourni 60 cent. cub. d'un mélange gazeux dont les propriétés étaient les suivantes :

Il était incolore, d'une odeur légèrement piquante, il éteignait les corps en combustion ; agité avec une solution de potasse caustique, il a été absorbé en partie. Les 60 cent. cub. se sont réduits ainsi à 18. La partie que la potasse n'avait pas absorbée étant mise en contact avec du phosphore, s'est réduite à 12 cent. cub. 75.

En même temps que le gaz dont je viens de

parler s'est dégagé, l'eau a laissé déposer des flocons de couleur de rouille.

Acide carbonique.

Dix litres d'eau ont été maintenus en ébullition pendant une heure. J'avais la précaution de remplacer l'eau qui s'évaporait par un égal volume d'eau distillée. J'ai obtenu ainsi 1^{gr} 855 d'un précipité brunâtre qui a été analysé comme il suit :

Mis en contact avec de l'acide azotique pur, il s'y est dissous en entier en produisant une vive effervescence. Le poids de l'acide carbonique qui s'est dégagé pendant cette dissolution, était de 0^{gr} 852.

Oxyde de fer.

La dissolution acide mêlée avec un excès d'ammoniaque, a fourni un précipité brun gélatineux, qui a été traité à chaud par la potasse caustique. La portion de ce précipité, qui a résisté à l'action de la potasse, pesait, après avoir été lavé et séché , 0^{gr} 0150 ; il consistait en sesquioxyde de fer.

Alumine.

La solution de potasse qui avait agi sur ce précipité , étant saturée par de l'acide chlorhydrique, et mêlée ensuite avec un excès d'ammoniaque, a donné un précipité blanc gélatineux , jouissant de tous les caractères de l'alumine. La quantité était trop faible pour que j'aie pu la doser.

Chaux des carbonates.

La liqueur au sein de laquelle s'était produit le précipité mixte de sesquioxyde de fer et d'alumine , a fourni avec l'oxalate d'ammoniaque un précipité blanc composé d'oxalate de chaux. Ce précipité lavé, séché et chauffé au rouge sombre, pesait 1^{gr} 3000.

Magnésie des carbonates.

Le liquide , séparé de l'oxalate de chaux, étant mêlé avec du phosphate d'ammoniaque, a laissé déposer un précipité blanc floconneux , que j'ai recueilli, lavé, séché et chauffé au rouge; son poids était de 1^{gr} 4250. Il consistait en pyrophosphate de magnésie.

Le dépôt qui s'était produit dans l'eau pendant l'ébullition était donc composé de carbonate de chaux, de carbonate de magnésie, de carbonate de fer et d'une trace d'alumine.

L'eau que j'avais séparée de ce dépôt a été divisée en plusieurs portions, et j'ai examiné chacune d'elles à part.

Chlorures.

J'ai réduit un litre de cette eau au 20me de son volume; je l'ai acidulée par de l'acide azotique pur, et j'y ai versé, à l'aide d'une burette graduée, une solution titrée d'azotate d'argent, jusqu'à ce qu'il ne s'y soit plus produit de précipité. Il a fallu employer vingt divisions de liqueur titrée. Chaque division de liqueur correspondait à 0^{gr} 00046 de sel marin.

Sulfates.

Un deuxième litre d'eau a été mêlé avec un

excès de chlorure de barium, et le mélange a été fortement acidulé par l'acide chlorhydrique ; il s'y est produit un abondant précipité blanc, qui pesait, après avoir été lavé, séché et chauffé au rouge, 3^{gr} 1120. Ce précipité était formé de sulfate de baryte.

Acide silicique.

J'ai pris un troisième litre d'eau de Barbazan, je l'ai acidulée par de l'acide azotique pur, et je l'ai fait évaporer à siccité. J'ai fait chauffer le résidu à une température d'environ 200°, je l'ai épuisé ensuite par de l'eau acidulée. Le résidu de cette opération consistait en silice ; il pesait, après avoir été séché, 0^{gr} 0140.

Chaux des sels solubles.

Un litre de la même eau a été acidulée par l'acide chlorhydrique ; puis saturée par de l'ammoniaque et mêlée avec un excès d'azotate d'ammoniaque. J'ai obtenu ainsi un précipité que j'ai lavé et calciné au rouge sombre ; son poids était de 1 gramme 1071 ; il représentait la chaux des sels solubles.

Magnésie des sels solubles.

J'ai versé dans deux nouveaux litres d'eau un excès de sel ammoniaque et d'oxalate d'ammoniaque. J'ai filtré la liqueur pour en séparer l'oxalate de chaux qui s'y était formé, et je l'ai additionnée ensuite d'ammoniaque et de phosphate d'ammoniaque. J'ai obtenu ainsi un abondant précipité que j'ai lavé à l'eau ammoniacale. Je l'ai fait sécher ensuite, et je l'ai chauffé au rouge ; il pesait 1 gramme 143, et contenait toute la magnésie des sels solubles.

Potasse et soude.

J'ai fait évaporer les quatre litres d'eau qui me restaient, de manière à les réduire à un très-petit volume ; la majeure partie du sulfate de chaux s'est précipitée pendant cette opération, en même temps que les carbonates insolubles ; j'ai séparé le liquide du dépôt, et j'ai lavé ce dernier avec un peu d'eau distillée que j'ai réunie à l'eau contenant les sels solubles. L'eau ainsi concentrée et dépouillée de la presque totalité des sels de chaux, a été soumise à l'ébullition et mêlée ensuite avec un excès d'eau de baryte, et il s'y est produit un abondant précipité, qui a été séparé par le filtre et lavé avec soin.

La liqueur filtrée a été de nouveau portée à l'ébullition, et mêlée avec du carbonate d'ammoniaque en excès ; le précipité qui s'y est produit a été séparé à l'aide d'une nouvelle filtration. La liqueur claire évaporée à siccité a laissé un résidu qui pesait, après avoir été chauffé au rouge, 0 grammes 0222; il consistait en carbonate de soude mêlé avec une trace de carbonate de potasse.

Iode.

Dix litres d'eau ont été mêlés avec 20 grammes de carbonate de potasse pur ; j'ai séparé le précipité qui s'y est formé; et j'ai fait évaporer l'eau à siccité ; j'ai chauffé le résidu au rouge pour détruire un peu de matière organique dont la présence s'annonçait par une teinte noirâtre, qui a disparu pendant la calcination ; j'ai épuisé le résidu par de l'alcool bouillant ; j'ai fait évaporer ensuite la solution alcoolique , et j'ai repris le résidu sec par quelques gouttes d'eau dans lesquelles j'ai mis un peu de colle d'amidon ; en versant quelques gouttes d'acide sulfurique dans ce dernier mélange , j'ai obtenu une très belle couleur bleue.

J'ai recherché avec soin si le dépôt ferrugineux qu'abandonne l'eau de Barbazan ne contiendrait pas des traces d'arsenic ou de cuivre , et je n'y ai pas trouvé la plus petite quantité de ces corps.

Acide crénique et apocrénique.

La matière organique dont j'ai signalé tout à l'heure l'existence, a été l'objet d'un examen spécial ; elle possède quelques-uns des caractères des acides crénique et apocrénique.

J'ai constaté enfin l'existence d'une trace de phosphates dans le dépôt que fournit l'eau de Barbazan , lorsqu'on la fait chauffer.

Les données précédentes conduisent à assigner à l'eau de Barbazan la composition qui suit :

SOURCE PRINCIPALE.

(*Eau un litre*).

Acide carbonique , 42 cent. cub. ou 0 ^{gr} 0852.

		grammes.
Sulfate de chaux.		1,5040
Sulfate de magnésie.		0,3080
Sulfate de soude.		0,0180
Carbonate de chaux.		0,1300
Carbonate de magnésie.		0,0540
Oxyde de fer.		0,0015
Chlorure de sodium.		0,0090
Chlorure de calcium.		traces.
Chlorure de magnesium.		
Silice.		0,0140
Alumine.		
Iode.		traces.
Phosphates.		
Matière organique.		
Total.		2,0385

Comme on le voit, l'eau de la source principale

de Barbazan se rapproche, par sa composition, des eaux d'Audinac et d'Aulus : tout porte à penser qu'elle jouit de propriétés analogues à celles de ces dernières, et qu'elle conviendra pour la guérison des affections que l'on traite dans ces deux localités.

Les deux autres sources sont connues sous les noms de source du *Bureau* et de source du *Seule*.

N'ayant à ma disposition qu'une très-faible quantité d'eau, je n'ai pu en faire une analyse aussi complète que celle de la source principale.

Voici les résultats auxquels je suis arrivé :

SOURCE DU SUREAU.

(*Eau un litre*).

	grammes.
Sulfate de chaux.	0,534
Sulfate de magnésie.	0,220
Sulfate de soude.	traces
Carbonate de chaux.	0,087
Carbonate de magnésie. . . .	0,015
Chlorure de sodium.	0,054
Total.	0,910

4

SOURCE DU SAULE.

(*Eau un litre*).

	grammes.
Sulfate de chaux.	0,448
Sulfate de magnésie.	0,190
Carbonate de chaux.	0,079
Carbonate de magnésie.	0,017
Chlorure de sodium.	0,061
Total.	0,795

Les eaux de Barbazan jouissent des propriétés des eaux salines séléniteuses en général ; la source principale doit jouir, en outre, des vertus des sources ferrugineuses, car elle renferme une assez forte proportion de fer pour qu'on puisse compter sur l'action de ce dernier.

Toulouse, ce 1er novembre 1852.

E. FILHOL.

Propriétés thérapeutiques des Eaux minérales de Barbazan.

« Les propriétés curatives de ces eaux, dit
» M. Cazaugrand, *docteur médecin à Montréjeau*
» (Haute-Garonne), *et membre correspondant*
» *de l'Académie Impériale de médecine*, se dé-
» duisent d'un effet incontestablement apéritif,
» diurétique, et principalement purgatif ; ce qui
» les approprie aux cas nombreux de maladies
» sub-aiguës ou chroniques, justiciables de cette
» modification importante.

» Ainsi en ai-je retiré de bons effets dans les
» cas de pléthore abdominale, qui provoque ou
» entretient les irritations de cette cavité sous
» forme de dispepsie, de constipation, de fla-
» tuosités, de douleurs lombaires, d'affection
» hémorrhoïdale, de jaunisse apirétique avec
» engorgement du foie ou de la rate, et princi-

» palement dans les cas de fièvre intermittente
» n'importe le type, lorsque le malade, tombé
» de rechute en rechute, n'éprouve plus de bons
» résultats de la quinine.

» Ainsi encore, dans les maladies des voies
» urinaires, catarrhe vésical, irritation des reins,
» urines sablonneuses ; dans certaines formes de
» maladies cutanées, avec irritabilité exagérée
» de la part du sujet, en raison de l'âge, du
» tempérament, d'un traitement intempestif par
» trop stimulant, etc., etc. »

« J'ai souvent conseillé l'eau minérale de
» Barbazan, dit M. Barés, docteur-médecin à
» Saint-Béat (Haute-Garonne), aux personnes
» atteintes de fièvres intermittentes à type quo-
» tidien, tierce et quarte. L'expérience m'a ap-
» pris que là où l'emploi du sulfate de quinine
» n'avait réussi à arrêter les accès que pour un
» temps, quelquefois court, l'eau minérale de
» Barbazan en triomphait sans retour. »

M. GRAND, docteur-médecin à Montréjeau,
certifie avoir employé ces mêmes eaux avec
succès, contre les fièvres et accès qui avaient
résisté aux préparations de quinine.

D'après M. LAPERNESSE, docteur médecin

ex-chirurgien-major, elles ont produit les plus heureux résultats dans plusieurs cas d'affections chroniques des voies digestives, d'aménorrhée, de leucorrhée, de rhumatisme chronique, d'affections dartreuses et syphilitiques anciennes. Il assure, en outre, qu'elles ont été souveraines contre les fièvres intermittentes les plus opiniâtres, et dans le traitement du ténia chez plusieurs de ses malades.

M. Castex, de Labroquère, a employé ces eaux, avec succès, dans les palpitations de cœur, paralysies, douleurs rhumatismales, sciatique, lumbago et engorgements articulaires par cause traumatique.

M. Seilhan, d'Izaut-de-l'Hôtel, en a retiré de bons effets dans les ophthalmies et dans *toute espèce* de névralgies.

Les rhumatismes chroniques, ainsi que les ophthalmies chroniques sont heureusement traitées par l'usage de ces eaux, au dire de M. Soubrier, de Sengouagnet.

D'après les observations du docteur Dulac, les eaux de Barbazan ont eu du succès dans la chlorose, dans la suppression du flux menstruel, dans la gravelle et autres maladies des voies urinaires, dans les affections de la peau et les engorgements des articulations, dans la convalescence des maladies aiguës, dans les fièvres intermittentes rebelles, et à la suite de ces mêmes fièvres, quand elles avaient laissé des empâtements dans les viscères abdominaux. Il les employait avec avantage, disait-il encore, dans les cas d'inappétence, et, en général, dans toutes les maladies où prédomine l'atonie. Elles ont été préjudiciables, selon lui, dans les cas où il existait des signes d'une suppuration interne.

«On croit généralement, dit M. Dore, docteur médecin à Saint-Gaudens, que les eaux minérales de Barbazan sont un peu actives, surtout pour les personnes faibles ou débilitées par de longues maladies ; c'est là une erreur qui s'est accréditée sans aucun fondement.

Si cependant il y avait encore quelques personnes imbues de cette idée, il est bon de leur faire savoir qu'il *existe, dans l'Etablissement de Barbazan, trois sources différentes, plus douces les unes que les autres.*

L'eau pour la boisson et pour les bains, peut être mitigée à volonté. »

Vertus médicales des Eaux de Barbazan, prouvées par les observations suivantes.

———

AMÉNORRHÉE. — CHLOROSE. — LEUCORRHÉE.

Mlle ★★★, de Barbazan, d'un tempérament bilioso-sanguin, d'une constitution délicate, parvenue à cet âge que la nature a fixé pour la propagation de l'espèce, avait eu une légère apparition des règles ; mais la jeune imprudente, ayant pris un bain de pieds au moment où le flux continuait encore, les menstrues disparurent, sans que rien pût de nouveau en rappeler le cours. La suppression durait depuis deux ans, et offrait tous les symptômes de la chlorose. De violents maux de tête, des coliques, des palpitations de cœur, des insomnies tourmentaient tour à tour la malade. On voyait à regret cette fleur, en son printemps encore, s'étioler et périr.

Les eaux minérales de Barbazan dont elle fit usage pendant environ un mois , en boisson et en bains , rappelèrent enfin ses secours et lui rendirent ainsi cette fraîcheur et ce coloris qui sont les heureux présages d'une santé parfaite.

———

Mlle F. D. , de Juzet-d'Izaut , vit, à la suite d'une frayeur , cesser entièrement le flux menstruel ; malgré le traitement approprié que des médecins instruits avaient employé pour combattre cette affection , la suppression continuait toujours , et la malade ne pouvait se livrer au moindre exercice sans éprouver des spasmes nerveux et des battements de cœur , toujours accompagnés de vives douleurs dans le bas-ventre. Les bains de Ste-Marie , dont elle avait fait usage pendant deux saisons consécutives , n'ayant eu aucun succès , elle se fit transporter à ceux de Barbazan. Pendant les six premiers jours , la malade prit seulement l'eau de la source principale , en boisson , à la dose de trois ou quatre verrées ; un commencement de mieux se manifesta. Alors, elle commença à prendre des demi-bains , puis des bains entiers. Ce traitement , prolongé pendant un mois, rétablit l'écoulement menstruel ; les douleurs cessèrent, et la malade se retira guérie. Depuis lors, le flux périodique n'a cessé de reparaître aux époques habituelles.

—

Le flux menstruel avait été interrompu chez Mlle M. F., de Valentine, âgée de vingt ans. Pour combattre cette maladie, en vain avait-on employé les emménagogues et tous les moyens ordinaires, les secours périodiques ne reparaissaient pas. La malade étant venue demander un soulagement aux eaux minérales de Barbazan, douze bains, avec la boisson de tous les jours, suffirent pour la délivrer entièrement de son affection.

—

Mlle P. V., de Cier-de-Rivière, était affectée depuis longtemps de fleurs blanches très abondantes. Les secours de l'art n'avaient pu arrêter cet écoulement ; la malade était à bout de forces et d'une maigreur extrême. Dans cet état désespéré, elle se rend à Barbazan, se met à l'usage des bains, prend intérieurement les eaux de la source principale, et, dans moins de quinze jours, se retire entièrement délivrée de son affection leucorrhoïque.

Affections syphilitiques.

Le nommé B., de Barbazan, était atteint depuis longtemps d'une affection syphilitique. Tisanes adoucissantes, puis sudorifiques, bains domestiques, liqueurs mercurielles, eau de goudron, préparations ferrugineuses, toniques, tout avait été mis en usage, sans résultat satisfaisant. Le malade eut enfin recours aux eaux minérales de Barbazan; l'effet qu'elles produisirent fut tel qu'en moins d'un mois, le mal avait entièrement disparu.

—

N. ***, de St-Bertrand, avait contracté un écoulement avec des ulcères vénériens. Les divers traitements appropriés pour ce genre de maladie, les eaux même de Luchon, tout avait été également impuissant. Désespéré de ces insuccès, N. se rend aux bains de Barbazan, et après avoir fait usage, pendant environ un mois, de l'eau de la source principale, en bains et en boisson, il partit radicalement guéri.

Affections scrofuleuses.

C. C., de Cier-de-Rivière, étant atteint d'humeurs scrofuleuses, se rendit à Bagnères-de-Bigorre pour faire usage des eaux de la source dite du Foulon, renommée pour les salutaires effets qu'elle a coutume de produire dans ces sortes de maladies. Malgré toutes les précautions qu'il dut prendre, et la longueur du séjour dans cet établissement, le malade dont je parle ne put y trouver, néanmoins, un commencement de guérison. Mais, quelque temps après son retour chez lui, étant venu aux bains de Barbazan, par ordonnance du docteur Jacob, ses plaies se cicatrisèrent, les humeurs disparurent, et C. C. a joui depuis d'une santé parfaite.

—

T., de Sauveterre, affligé de la même maladie que le précédent, avait inutilement essayé les ressources de l'art et fait usage, à diverses reprises, des eaux de Bagnères-de-Luchon. L'humeur persistait toujours ; mais les bains de Barbazan qu'il prit pendant une vingtaine de jours, la firent disparaître sans retour. Par reconnaissance , T. revint plusieurs années consécutives aux bains de Barbazan. Sa santé était parfaitement rétablie.

Douleurs rhumatismales et sciatiques.
Paralysie

Le sieur Jean, dit Bertranin, de Loures, était affecté d'un rhumatisme général avec des douleurs très aiguës ; vainement il avait essayé les moyens indiqués par la nature et la gravité de cette maladie ; vainement encore il avait eu recours aux bains et douches de Luchon. Le mal semblait sans remède, quand il imagina de faire usage des bains de Barbazan. Le résultat ne trompa point son attente. Bertranin avait à peine pris une dizaine de bains , et déjà ses membres reprenaient le mouvement dont ils étaient depuis longtemps privés. Chaque bain procurait un mieux sensible ; bientôt le malade marcha même sans béquilles ; il se retirait enfin radicalement guéri après un mois de séjour dans l'établissement.

Le nommé Ousset (Baptiste), de Cier-de-Rivière, fut perclus des genoux, à l'âge de dix ans, à la suite d'une tumeur blanche. Les articulations de ces mêmes parties restèrent ankilosées, de manière qu'il ne pouvait marcher. Dans cet état, il fut porté aux bains de Barbazan ; quinze douches et une vingtaine de bains firent totalement disparaître la tumeur et la raideur des genoux. Ce jeune homme s'est toujours bien porté depuis.

—

M. ***, de Milhas, à la suite d'une jeunesse très orageuse, avait été affectée d'une douleur rhumatismale dont le siége était sur les mains, qui étaient comme desséchées et déformées. Les bains de Luchon, dont elle avait fait usage, n'avaient produit aucune amélioration sensible; le mal durait depuis longtemps lorsqu'elle se rendit enfin aux bains de Barbazan; quinze de ces bains suffirent pour la débarrasser sans retour de son affection morbifique.

—

Antichan (Gabriel), de Barbazan, avait eu, dès

son bas-âge, le malheur de se casser une jambe ;
par un accident imprévu , l'appareil s'étant dé-
rangé, le membre fracturé s'engorgea d'une manière alarmante. Peu de temps après, un ulcère,
qui s'était formé, laissait échapper une humeur
âcre et infecte ; les symptômes de la gangrène
semblaient se manifester déjà, et les médecins
qui soignaient le jeune malade se préparaient à
opérer l'amputation du membre ulcéré. Les cris et
les larmes de la mère les arrêtèrent ; ils se reti-
rèrent, persuadés que l'enfant devait bientôt suc-
comber au mal qui le rongeait ; mais ce que l'art
n'avait pu faire , les eaux minérales de Barbazan
devaient l'opérer. On commença à laver avec
ces eaux la jambe et les plaies de l'enfant. Bientôt les chairs se ravivèrent , et le gonflement se
prit à diminuer d'une manière sensible; on continua l'usage des eaux qui avaient commencé à
agir d'une manière si salutaire. Peu de jours
après , l'état d'amélioration dans lequel se trouvait le jeune malade , permit de le porter aux
sources minérales , d'où , après douze bains , il
sortit parfaitement guéri.

J.-L. , de Barbazan , souffrait d'une sciatique

très-douloureuse et très-opiniâtre. Application de sangsues, vésicatoires, purgatifs, bouillons adoucissants, tisanes sudorifiques, rien n'ayant pu calmer, dissiper son affection, le malade voulut essayer des eaux de la localité : l'effet qu'elles produisirent fut si efficace, qu'après avoir pris trois ou quatre bains, il se sentit radicalement guéri.

———

Jacques, baron Didier de Sauveterre, ayant fait une chute, à la suite de laquelle il était devenu perclus de tous ses membres, avait employé, sans le moindre succès, toutes les ressources de l'art. Plusieurs mois s'étaient écoulés, et la position désespérante du malade était toujours la même. Transporté, sur sa demande, à l'établissement thermal de Barbazan, on le mit dans un bain ; mais l'état de faiblesse où il se trouvait était tel, qu'il s'évanouit un moment après. Revenu à lui, Didier ne perdit pas courage. Il voulut continuer l'usage de ces eaux, et les bons résultats qu'il en retira justifièrent pleinement sa confiance. Il les pratiquait depuis dix jours à peine, et déjà, le mieux qu'il éprouvait était si sensible,

qu'il marchait sans le secours de personne. Il se
retira enfin entièrement guéri , après avoir pris
une vingtaine de bains. — Didier revint pendant
plusieurs années consécutives ; mais la reconnaissance et non le besoin le conduisait auprès
des sources salutaires.

—

Le nommé Pierre ***, de Labroquère , était
atteint d'une paralysie qui avait saisi tous ses
membres. Transporté , par ordonnance du docteur Dulac , aux bains de Barbazan , il en avait
pris déjà une vingtaine, sans que la moindre
amélioration se fût fait sentir. Déconcerté par
cet insuccès , on allait lui faire quitter l'établissement, lorsque le docteur Dulac conseilla
de persister encore. Le lendemain , comme le
malade était dans le bain , il s'aperçut qu'il pouvait faire quelque léger mouvement. Deux jours
après, il quitta seul la baignoire , s'habilla et
sortit du cabinet au grand étonnement de ceux
qui se trouvaient dans l'établissement. Bientôt
ses forces , tout à fait rétablies , lui permirent
de vaquer à ses occupations, et l'affection n'a
plus reparu.

Ophthalmies.

Fuzéré (Guillaume), de Cier-de-Rivière, âgé de vingt-un ans, était depuis long-temps atteint d'une ophthalmie très-compliquée. L'acétate de plomb, les vésicatoires, les tisanes rafraîchissantes, et tous les autres moyens indiqués contre ces sortes d'affections n'avaient pu opérer le moindre soulagement. L'eau minérale de Barbazan, dont le malade fit usage, sous forme de bains et en boisson, en triompha sans retour.

—

Félice *** , de Giros, éprouvait depuis quelque temps des maux d'yeux très cuisants qui lui inspiraient des craintes sérieuses pour la conservation de sa vue. Ses paupières étaient rouges, enflammées, et l'un des yeux était couvert déjà d'une large tache blanchâtre. Après avoir inutilement fait usage de tous les remèdes prescrits par des médecins et des oculistes habiles, la malade partit pour Barbazan, où, ayant pris une quinzaine de bains de la source principale, elle se sentit entièrement délivrée de son affection.

Affections dartreuses.

Anna, veuve V. , de Toulouse, était affligée d'une affection dartreuse qui occupait diverses parties du corps. Après divers traitements également impuissants et infructueux , elle se rendit aux bains de Barbazan, dont une amie lui avait vanté l'efficacité. Un commencement de guérison se manifesta bientôt. Peu à peu, les plaies se nettoyèrent, les croûtes se détachèrent, et la peau reprit presque son état naturel. Après quinze bains, il ne restait plus que quelques rougeurs, qui ne tardèrent pas long-temps à disparaître. Un mois après son arrivée dans l'établissement thermal, la malade en repartit radicalement guérie.

—

B. , de Luscan, aujourd'hui femme T. , étant affectée d'une dartre qui occupait presque toute la partie supérieure de la main gauche , s'en vit entièrement délivrée par l'usage des mêmes eaux.

Coliques et douleurs lombaires.

Doumeng , de Sengouagnet, âgé d'environ

quarante ans , fut atteint , dans les régions lombaires , de douleurs assez violentes , qui cédèrent momentanément, reparurent bientôt, et finirent, après un assez court intervalle , par devenir à peu près constantes. Cette affection avait résisté à tous les secours de la médecine , et durait depuis bien des années, lorsque le malade se rendit aux bains de Barbazan. Ces eaux , employées en bains et en boissons , agirent d'une manière si prompte et si efficace , que , dès le dixième jour, les douleurs avaient entièrement cessé. Elles ne se sont plus renouvelées depuis ce moment.

—

M. Lauzes , de Sarremezan , ancien maître d'armes des princes de la maison d'Orléans, était depuis long-temps tourmenté par une colique insupportable occasionée par le sang hémorrhoïdal. Après avoir tenté , sans succès , divers remèdes que lui avaient prescrits des médecins distingués , on lui conseilla de se rendre aux bains de Barbazan ; ce qui fut mis à exécution. Pendant les vingt jours qu'il passa dans cet établissement, M. Lauzes prenait intérieurement les eaux de la source principale , dont il usait aussi pour les

bains. Au bout de ce temps, il repartit parfaitement guéri. Satisfait de l'effet de ces eaux, il y
revint l'année d'après ; mais le mal ne s'est plus
fait sentir depuis sa première visite.

Palpitations de cœur. — Affections bilieuses.

M. Birabent père, de Bélesta, canton de Boulogne , éprouvait depuis quelque temps des palpitations de cœur qui avaient considérablement
affaibli ses forces. Son teint était pâle, sa respi-
ration souvent oppressée. Il avait mis en usage
tout ce que lui avaient prescrit des médecins
expérimentés, sucs d'herbes, préparations de
digitale, etc., etc.

Le mal persistait toujours ; mais s'étant rendu
aux eaux de Barbazan , il en éprouva des effets
si salutaires, qu'après avoir pris quinze bains ,
il se retira parfaitement guéri. L'affection se re-
nouvela cinq ans après. Le même traitement la
fit de nouveau disparaître , sans qu'elle se soit
plus reproduite depuis cette époque.

—

Le nommé Calixte***, de Taillebourg, affecté

de la même maladie que le précédent, fut guéri aussi par l'usage des mêmes eaux, en bains et en boisson. Les battements de cœur qu'éprouvait ce dernier étaient tellement prononcés, tellement forts, que le contre-coup allait jusqu'à ébranler la casquette qu'il portait à la tête; ce qu'on remarquait parfaitement, surtout quand il était assis et dans l'inaction.

—

M. Pujo (Jean), ancien maire de Gourdan, éprouvait des crampes et des langueurs d'estomac, des éblouissements de tête, et était tourmenté, en outre, par un rhumatisme très intense. L'appétit n'existait déjà plus; le teint du malade était devenu pâle et ses forces avaient considérablement faibli. Pujo sentait parfois des oppressions qui l'empêchaient presque de respirer. Les secours de l'art, et les eaux de Bigorre, et ensuite de Capver, dont il avait fait usage, n'ayant obtenu aucun résultat satisfaisant, il résolut d'essayer les eaux de Barbazan. Celles-ci produisirent bientôt leur effet. Le malade prenait tous les matins l'eau de la source principale en boisson; le septième jour, il se sentit pris de vomissements extraordinaires , et rendit un amas de bile extrêmement considérable. A dater de ce jour , l'appétit revint , les forces se rétablirent , les éblouissements cessèrent , et le malade eut le bonheur de revenir chez lui radicalement guéri.

———

M. F..., curé de Sarremezan , d'un tempérament nervoso-bilioso-sanguin , était depuis quelque temps sans appétit , il avait la bouche pâteuse , amère , il éprouvait souvent des nausées et des langueurs d'estomac ; son teint avait perdu sa fraîcheur habituelle , et ses forces commençaient à devenir languissantes. On lui conseilla, comme moyen de traitement , les eaux minérales de Barbazan, à prendre journellement en boisson. Ces eaux agirent sur M. F. à la façon d'une médecine très active ; l'effet en fut si prompt que dès le second jour , il sentit renaître son appétit. Les langueurs cessèrent , la coloration de la peau augmenta d'une manière sensible, et dans l'intervalle d'une semaine environ, le malade eut recouvré une santé brillante.

Maladies des voies urinaires.

M. ***, de Montrejeau , éprouvait , depuis

quelques années, dans l'appareil des voies urinaires, un dérangement qui lui causait des douleurs assez aiguës dans la région du bas-ventre. Il était tourmenté par le besoin de plus en plus pénible d'uriner fréquemment; cette fonction ne s'accomplissait pas toujours sans difficulté ; l'émission des urines, rendues par très petites portions, était quelquefois tout-à-coup interrompue, pour reprendre un moment après. M*** suivait, d'après l'avis de son médecin, un régime doux et réglé. Il usait de boissons émollientes, avait fait plusieurs applications de sangsues, pris des bains domestiques, et tout cela sans résultat apparent sur le cours de la maladie. Il n'en fut point ainsi des eaux minérales de Barbazan dont on lui conseilla enfin l'usage. Un mieux très sensible suivit de près cette médication; la dose de la boisson, qui d'abord avait été d'un litre par jour, fut portée à deux et même à trois litres ; le malade prenait aussi les bains de la source principale, mitigée avec les eaux des deux autres sources. Ce traitement, continué pendant dix-huit ou vingt jours, amena une cure radicale. M*** est revenu depuis aux bains de Barbazan, mais sa santé n'était plus altérée.

B. D. , de Cier-de-Rivière , était affecté d'une colique néphrétique qui , par intervalle, lui faisait endurer des douleurs atroces ; il avait perdu le sommeil et l'appétit , et , dans la persuasion que son mal était incurable , ce malade dépérissait , pour ainsi dire , à vue d'œil. On lui prescrivit les eaux de Barbazan. B. D. se conforma à ce conseil, et s'aperçut bientôt combien il avait lieu de s'en louer. Les eaux minérales rendirent d'abord plus intenses les douleurs lombaires , mais ces douleurs cessèrent en moins de dix jours. Le malade avait rendu des calculs rénaux assez volumineux , et les urines, émises en abondance, avaient entraîné aussi comme une espèce de sable très menu. A dater de ce moment, la santé ne tarda pas à se rétablir. L'appétit revint , et B. D. se retira guéri.

Cinq ou six ans après, la maladie se manifesta de nouveau avec beaucoup d'intensité. B. D. fit encore usage des eaux de Barbazan ; mais cette fois un peu trop tard peut-être, car il ne put guérir radicalement. On voulut faire usage de la sonde et broyer le gravier qui empêchait le libre écoulement des urines ; mais le malade qui déjà était âgé de plus de soixante-dix ans, ne put survivre à ces douloureuses opérations.

Fièvres intermittentes.

Cazeneuve, d'Argut, avait contracté une fièvre intermittente dont le type avait changé à
différentes reprises. Les saignées, les purgatifs,
le sulfate de quinine, employé même à forte
dose, n'avaient produit aucun résultat satisfaisant,
et les accès persistaient avec opiniâtreté. Les
fonctions digestives étaient complétement déran-
gées ; le malade était pâle, très maigre, et
éprouvait une prostration de forces telle, qu'il
ne pouvait presque plus se soutenir ni marcher.
Dans cet état désespéré on le transporta aux bains
de Barbazan. L'action salutaire des eaux ne tarda
pas à se faire sentir. En moins de huit jours les
accès qui étaient quotidiens, ne reparurent plus
que de deux jours l'un; ils cessèrent bientôt tout-
à-fait. Le malade reprit son appétit et son embon-
point ordinaires et se retira parfaitement rétabli,
après un mois de séjour à l'établissement thermal
de Barbazan.

Quelque temps après, Cazeneuve s'étant exposé
à l'intempérie des saisons, et livré peut-être trop
tôt à des occupations trop pénibles, éprouva de

nouveaux accès qui l'obligèrent de recourir aux
mêmes eaux. La source fébrifuge en fit bientôt
justice. Toute fièvre disparut, et Cazeneuve a
joui depuis d'une santé parfaite.

—

Artigues Jean-Louis, de Pointis-de-Rivière,
était atteint depuis deux ans d'une fièvre intermittente qu'il avait contractée durant son séjour
en Californie. Le sulfate de quinine et les autres
médicaments employés contre ce genre d'affections n'avaient réussi à enrayer les accès que
pour des temps très limités. Les médecins étaient
à bout d'expédiens, quand ils prescrivirent enfin
au malade l'usage de l'eau minérale de Barbazan.
Il se rendit donc aux sources, et, *comme tous
ceux qui ont recours à cette même médication pour
le même genre de maladies ,* Artigues quitta bientôt après l'établissement, radicalement guéri.

—

Aux observations qui précèdent, et qui toutes
ont été recueillies avec la plus grande imparlia-
lité, je joindrai encore les suivantes, que divers
médecins du pays ont bien voulu me communiquer :

1ʳᵉ Observation.

Sur une fièvre intermittente tierce qui avait résisté au sulfate de quinine ; guérie par l'eau de la source principale de Barbazan , — Par M. Castex , médecin à Labroquère.

« Le 12 avril 1847 , Castex (Michel), de Luscan, fut pris, à la suite d'une courbature, d'une fièvre tierce (un jour d'apyrexie) dont les accès débutaient par un frisson (stade de froid) qui durait environ trois heures; la réaction (stade de chaleur et de sueur) durait de huit à dix heures environ. Le 17 avril , je lui administrai soixante centigrammes de sulfate de quinine , en trois doses, prises de quatre en quatre heures, avant l'accès. Le 19 , les accès fébriles cessèrent ; je continuai néanmoins le même traitement pendant quelques jours. Ils reprirent le 3 mai suivant; le sel de quinine les arrêta de nouveau. A cette seconde reprise j'en prescrivis l'usage plus longtemps encore que la première fois; mais les accès ne laissèrent pas de reparaître vingt jours après, c'est-à-dire le 24. Alors les parents du jeune fiévreux, ayant voulu qu'il fît usage des eaux

minérales de Barbazan qui, du reste, ne m'étaient
connues par aucune analyse, je dus condescen-
dre à leurs désirs. Le malade prit intérieurement
l'eau de la source principale , à la dose, d'abord ,
de neuf verres par jour, et à trois reprises différentes ; la dose fut ensuite portée à douze verres. Bientôt les accès furent moins intenses et
moins prolongés. En moins de vingt jours ,
Castex se retira parfaitement guéri. Les accès
n'ont plus reparu depuis cette époque. »

2e Observation.

Sur une douleur sciatique rhumatismale , guérie par les bains de
Barbazan. — Par le même.

«Dans la nuit du 16 mars 1850 , Simon Louis,
de Barbazan , âgé de quinze ans, d'un tempérament bilieux , fut atteint d'une douleur sciatique
au membre pelvien gauche. Cette affection, s'éten-
dant depuis la région sacrée et fessière , parcourait
la partie postérieure de la cuisse et de la jambe
jusqu'à la plante du pied. Après avoir suivi presque sans succès, et pendant un mois, un traitement approprié à la nature de son affection , le

malade se mit à faire usage des bains de Barbazan ;
les six premiers le soulagèrent d'une manière
très sensible ; mais l'affection avait disparu au
treizième. »

3ᵉ Observation.

Sur une hystérie par défaut de menstruation , guérie par les bains
des trois sources et les eaux de la source principale. — Par
le même.

« Marie Rouzot , de la commune de Milhas ,
âgée de 25 ans , d'une bonne constitution , d'un
tempérament lymphatico-sanguin, était fort souffrante depuis bien des années. Le 4 septembre
1853 , cette jeune fille s'étant rendue à l'établissement thermal de Barbazan , voulut me consul-
ter ; voici les renseignements que je recueillis :
La malade éprouvait des céphalalgies conti-
nuelles ; la face était colorée, le regard triste et
languissant ; l'appétit avait disparu et l'abdomen
était très sensible à la pression, surtout vers
l'hypogastre. Elle sentait, parfois, remonter de
ce point une boule hystérique, qui lui faisait
appréhender la suffocation. Depuis qu'elle était

dans cet état, ses menstrues ne faisaient que
paraître tous les mois d'une manière irrégulière,
ce qui rendait encore ses souffrances beaucoup
plus intenses. La céphalalgie subissant toutes les
nuits une recrudescence, bannissait le sommeil et
le repos. Les saignées, les calmants, les bains
domestiques et ceux de *Sainte-Marie*, dont la
malade avait fait usage pendant quelque temps,
enfin tous les remèdes que des praticiens éclairés
lui avaient prescrits, ayant été également infructueux, on lui conseilla d'essayer des eaux
minérales de Barbazan. Celles-ci agirent avec
tant d'efficacité que, dans la matinée du onzième
jour, les menstrues reparurent très abondantes,
sans laisser après elles aucune perte blanche. A
dater de ce moment, la santé de la malade se
rétablit d'une manière très sensible; la céphalalgie alla diminuant; bientôt elle eut tout-à-fait
disparu. La boule hystérique ne se fit plus sentir,
et les douleurs qu'elle éprouvait dans les régions
abdominales cessèrent. Avec la fraîcheur et le
coloris du jeune âge, Marie Rouzot avait recouvré une santé brillante. Vingt jours passés à l'établissement thermal de Barbazan, avaient suffi
pour produire ce résultat merveilleux. »

4ᶜ Observation.

Sur une affection dartreuse, guérie par les eaux de Barbazan.
—Par le même.

« Catherine, veuve Guinot, de Barbazan, âgée
de 82 ans, d'un tempérament bilieux, d'une
constitution débile, était atteinte depuis environ
deux ans d'une affection dartreuse qui, débutant
par les avant-bras, avait gagné de proche en
proche la poitrine, le ventre et même les extré-
mités inférieures, jusqu'au dessous des genoux.
Sa peau semblable à un cuir était couverte de
croûtes d'un à trois centimètres de circonférence.
Cette pauvre femme éprouvait des démangeai-
sons presque intolérables. Après avoir suivi,
sans le moindre succès, plusieurs traitements,
elle voulut, malgré son âge avancé, faire usage
des bains de Barbazan. Cette médication réussit
au-delà de toute espérance. En effet, après huit
ou dix bains, les croûtes tombèrent, la déman-
geaison cessa et la malade se sentit tout-à-fait
soulagée. »

5e Observation.

« Despouy (Pierre), de Labroquère , d'une
constitution robuste , d'un tempérament bilioso-
sanguin , fut atteint , durant la nuit du 12 au
13 novembre 1849 , d'une attaque de paralysie
sur la partie gauche du corps. A l'aide de quelques saignées et de révulsifs de toutes sortes ,
cette hémiplégie diminua , mais d'une manière
si peu sensible , que le malade ne pouvait que
remuer à peine la jambe et le bras affectés ;
impossible de se tenir debout , moins encore de
marcher. Après avoir ordonné , sans succès , les
frictions phosphorées et cantharidées , je conseillai les bains de Luchon. Les parents ayant
reculé devant une dépense qui paraissait devoir
dépasser leurs modestes ressources , nous es-
sayâmes des bains de Barbazan ; au bout d'un
mois environ , le malade eut la satisfaction de
se servir facilement de son bras et de marcher
à l'aide d'une canne. Si la guérison ne fut pas

complète cette fois , le mieux fut , du moins , très sensible. »

6e Observation.

Sur une paralysie du bras droit et de la jambe gauche, guérie par les bains et douches de Barbazan. — Par le même.

« Le nommé Trey (Pierre), de Sarp , habitant depuis longtemps le département des Basses-Pyrénées , fut atteint , dans ce pays , d'une paralysie croisée, c'est-à-dire, dont le siège était à la jambe droite et au bras gauche du corps. Les médecins qui lui avaient donné leurs soins l'envoyèrent, après divers traitements infructueux , aux bains de Barèges , puis à ceux de St-Sauveur ; mais les uns et les autres ne produisirent que des résultats insignifiants. Les bains et douches de Barbazan , dont le malade fit usage pendant quelques jours , rendirent le mouvement aux membres affectés, et, *comme tant d'autres ,* Trey se retira pénétré de la plus vive reconnaissance pour les eaux salutaires qui l'avaient guéri. »

6

Observations

Fournies par M. LABERNESSE , docteur-médecin , ancien chirurgien-major des armées impériales.

« Mme Orléac , de Saint-Bertrand, était depuis longtemps affectée de douleurs articulaires avec névralgie, et percluse de tous ses membres. Les divers traitements auxquels elle avait été assujettie , les eaux de Luchon , de Ferrère , de Cadéac , et diverses autres dont elle avait fait usage , n'ayant produit aucune amélioration sensible , je conseillai les bains de Barbazan. Durant les premiers jours , la malade n'éprouva aucun soulagement ; elle persista , néanmoins , attendant sa guérison de la vertu de ces eaux qu'on lui avait vantées. Son attente ne fut pas trompée ; un commencement de mieux se manifesta bientôt ; il alla chaque jour croissant, et dans l'espace d'un mois environ, Mme Orléac se vit guérie. Satisfaite de l'effet des eaux de Barbazan , elle y est revenue plusieurs fois depuis.

M. de Combes , de Loures , inspecteur au

ministère de la maison du roi Louis XVIII , atteint d'un empâtement au canal colédoque et à la vésicule du fiel depuis environ quatre ans, trouva aussi la santé auprès de ces sources salutaires.

Elles la rendirent également à Germés , de Sarp , en extirpant de son corps un ténia (ver solitaire), long de plus de cinquante mètres.

C'est encore en faisant usage de ces mêmes eaux que fut guérie Mme Labernesse , affectée d'une douleur sciatique qui la retenait depuis longtemps dans son lit.

Mlle M... , de Gourdan, était atteinte depuis six mois d'une suppression de menstrues. Ayant , d'après mon avis, fait usage des eaux de Barbazan, tant en bains qu'en boisson, elle vit bientôt ses secours périodiques reparaître, et s'est toujours bien portée depuis.

Renaud de *** , affecté d'un phlegmon très compliqué , fut guéri par ces mêmes eaux , dont je lui avais conseillé l'usage.

Boué Laurent , de St-Elix , atteint de douleurs nerveuses , occasionnées par des embarras gastriques chroniques , trouva aussi à Barbazan une cure radicale.

Enfin, le domestique de M. Carcy, aubergiste à St-Elix, ayant fait une chute qui avait occasionné la luxation des clavicules, fut parfaitement guéri par les bains de Barbazan.

Je ne parlerai pas de malades atteints de fièvres intermittentes, n'importe le type, que ces mêmes eaux ont guéris; il suffira de dire que, durant le cours de ma longue pratique, je n'ai pu constater aucun cas où elles n'aient eu les plus grands succès contre ces sortes de maladies.

Les faits que je viens de rapporter me paraissant assez concluants, je n'étendrai pas plus loin mes citations. »

Observations

Fournies par M. SEILHAN, médecin, à Izaut-de-l'Hôtel.

J'avais prié M. Seilhan de me communiquer les observations médicales que les bains de Barbazan avaient pu lui fournir; je vais exposer la réponse de ce médecin :

Monsieur,

Votre lettre ne me donnant point le temps

d'entrer dans de longs détails concernant la nature et la marche des maladies diverses , qui , rebelles à des traitements appropriés , ont cédé à l'usage des eaux minérales de Barbazan , je me vois forcé , à regret , de me contenter d'un exposé tout-à-fait sommaire et très incomplet ; le voici :

« Claire M. et Marguerite Saint-M. , d'Arbon, atteintes de chlorose , avaient mis en usage les divers moyens que l'art médical prescrit contre ces sortes de maladies ; mais ces traitements n'ayant amené aucun changement , aucune amélioration sensible dans la marche de la maladie, ces jeunes personnes eurent recours, d'après mon avis , aux eaux minérales de Barbazan. L'effet de ces eaux ne se fit pas longtemps attendre , car, après une quinzaine de jours environ, le flux menstruel reparut très abondant, et les deux malades ayant recouvré la fraîcheur et l'appétit habituels, quittèrent l'établissement thermal de Barbazan entièrement guéries.

Françoise Médan et Paule Caudérac, d'Arbon, affectées de douleurs rhumatismales chroniques , furent radicalement guéries par ces mêmes eaux dont elles firent usage en douches et en bains.

La nommée Marie F....., d'Arbon, âgée de vingt-deux ans, atteinte d'épilepsie, trouva aussi aux bains de Barbazan un soulagement très sensible.

G. B., d'Arbon, affecté de syphilis chronique avec chancres et bubons, a été guéri après avoir fait usage des susdites eaux en boisson, lotions et bains.

S.... (Jean) et A.... (Bertrand), d'Aspet, atteints d'hépatite chronique, de gastralgie, d'ictère, étaient maigres, jaunes et sans appétit, les digestions étaient chez eux fort laborieuses; ils avaient le foie très volumineux et éprouvaient assez souvent des sueurs nocturnes; les vomissements étaient aussi devenus fréquents. Dans l'espace d'un mois, les eaux minérales de Barbazan, dont je leur conseillai de faire usage, dissipèrent la pâleur, ramenèrent l'appétit, firent cesser les vomissements et les sueurs, et les deux malades dont il s'agit rentrèrent chez eux complétement rétablis.

Ces mêmes eaux de Barbazan rendirent encore la santé à Mme Louise de ***, atteinte de chorée, après qu'elle en eut fait usage pendant vingt-cinq jours.

Enfin, François Maylin, de Cabanac, travaillé, pendant l'hiver de 1850, par une fièvre intermittente très opiniâtre; François Médan, d'Arbon, et un grand nombre d'autres de mes clients, ont retrouvé la santé auprès des sources minérales de Barbazan. »

—

M. Soubrier, médecin à Sengouagnet, m'a également envoyé plusieurs observations. Je citerai seulement les suivantes :

« Un de mes clients était sujet à une gastralgie intense qui le mettait dans l'impossibilité de se livrer à aucun travail. Les eaux de Barbazan, dont il fit usage pendant douze jours, l'évacuèrent au point de lui permettre de reprendre ses occupations journalières.

—

» Une jeune fille de la commune de ***, confiée à mes soins, était chlorotique depuis deux ans. Elle avait été envoyée à Siradan pour faire usage de l'eau ferrugineuse qu'elle n'avait pu supporter.

Je crus en voir la cause dans l'état bilieux de l'organe digestif, ce qui me détermina à l'envoyer prendre les eaux de Barbazan, d'où elle se retira bien rétablie, tandis que précédemment elle gardait le lit. »

Ressources offertes aux malades par la station thermale de Barbazan.

———

Le manque absolu de publicité n'avait pas permis à la réputation des eaux minérales de Barbazan de s'étendre au-delà des vallées qui les circonscrivent; aussi n'avaient-elles été fréquentées, jusqu'à ce jour, que par des malades aux habitudes simples et modestes. On y voyait bien parfois des personnes riches ou aisées, mais la foi dans l'efficacité des eaux, le désir de guérir, pouvaient seuls leur faire braver la privation du confortable et le bien-être de la vie.

Barbazan n'a pas d'hôtels, mais seulement de modestes auberges et des maisons particulières où l'on trouve la liberté du foyer domestique, et où l'on peut faire soi-même son ménage ou charger de ce soin la maîtresse du logis.

Le pays abonde en gibier, poisson, légumes

et fruits excellents La vie animale y est variée, et à la portée de toutes les exigences permises à la fortune de chacun.

La variété de la vie animale!... Mais cela suffit-il bien aujourd'hui ?

Commensaux de café, beaux et jeunes dandys, maîtresses vaporeuses, non *cela* ne saurait vous suffire, sans doute! Vous voulez, vous, des hôtels somptueux, de beaux jardins, des parcs princiers; vous voulez des pianos, des bals, des chevaux, des voitures partant à toute heure. à toute vitesse, dans toutes les directions... vous ne trouverez point cela à Barbazan.

Les eaux de Barbazan ne sont pas des eaux à la mode, tant s'en faut; n'ayant d'autre mérite que celui de *guérir*, elles n'auront les sympathies que des malades sérieux.

Vous, donc, que dévore la fièvre, l'inflammation chronique des viscères ou le feu d'une éruption dartreuse; vous qu'affligent des douleurs sciatiques ou rhumatismales; vous, enfin, qui sentez votre estomac mou, débile, paresseux, allez à Barbazan faire une longue visite à ses bienfaisantes Naïades! Mais, allez-y surtout, vous, sexe intéressant et aimable, que tour-

mentent chlorose , leucorrhée , affections nombreuses et variées , particulières à la nature de
votre constitution; rendez un culte tout particulier à l'aînée des *trois sources*, car c'est à vous
qu'elle semble réserver ses vertus les plus spé-
ciales.

Amants de la belle nature , peintres , poètes ,
artistes ! le pays de Comminges n'est pas indigne
de votre attention et de vos regards.

Barbazan et ses environs vous offriront des
montagnes, des rivières, des fleurs , des lacs et
des canaux charmants ; des vals ombreux, solitaires , où vous pourrez librement rêver à tout
ce qu'il vous plaira... Et une multitude de châteaux et de monuments antiques , bien dignes de
vos pinceaux et de vos chants !

Des moyens propres à seconder ou activer l'effet salutaire des eaux de Barbazan.

—

CHOIX DES SAISONS LES PLUS FAVORABLES.

Quoique les eaux minérales de Barbazan conservent toujours les mêmes propriétés, on doit, néanmoins choisir, de préférence, le temps chaud pour en faire usage. Ainsi, les mois de juin, de juillet, août et septembre, sont les plus convenables, parce qu'alors les malades sont moins exposés aux accidents graves qui résultent souvent du passage subit du chaud au froid ; les voyages sont d'ailleurs plus faciles, et la campagne beaucoup plus agréable que dans les autres saisons de l'année.

RÉGIME A SUIVRE.

Les eaux de Barbazan activent singulièrement

l'appétit ; il faut bien toutefois se garder de le satisfaire complétement, parce qu'alors l'économie animale se trouvant dérangée, la digestion serait pénible, laborieuse, ce qui nuirait beaucoup à l'effet salutaire des eaux. La quantité des aliments ne devra donc pas être exagérée.

Quant à la qualité, les médecins conseillent les bons potages, les viandes blanches, bouillies ou rôties, le poisson, les légumes peu assaisonnés, les fruits bien mûrs, et mieux encore cuits ; mais ils ont soin de proscrire tous les mets excitants ou de difficile digestion.

Les malades atteints de fièvres, n'importe le type, devront rigoureusement s'interdire le laitage et toutes sortes de fruits. Ils tâcheront encore d'éviter l'humidité, le froid, les fatigues. L'expérience a démontré que, malgré la vertu éminemment fébrifuge des eaux dont il s'agit, leur action est néanmoins paralysée par la violation d'un seul de ces préceptes.

DURÉE DU SÉJOUR.

En général, les malades qui fréquentent les eaux de Barbazan n'en font pas un assez long usage, pour en éprouver les bienfaits, surtout s'ils les emploient en bains. On se contente d'y passer huit à dix jours, quand le séjour devrait être de quinze, *et souvent même d'un mois.*

Parmi les malades, quelques-uns se croient guéris dès qu'ils sont soulagés ; d'autres méconnaissent les vertus salutaires des bains, s'ils ne répondent pas d'abord à leur attente.

Plus d'un médecin s'est convaincu que si les bains d'eaux minérales n'agissent quelquefois que comme palliatifs, c'est parce qu'on en fait un usage trop court et quelquefois aussi trop tardif:

Principiis obsta, serò medicina paratur,
Cùm mala per longas invaluêre moras (1).

ACTIVITÉ MODÉRÉE.

Les personnes qui font usage des eaux doivent éviter la fatigue et un repos trop absolu. La fatigue, disent les médecins, contrarierait la fièvre factice que doivent produire les eaux ; et une trop grande inaction serait aussi un obstacle à leur action bienfaisante. — Ainsi donc :

(1) Ovidii sententiæ.

Choix des saisons, surveillance de l'estomac, durée du séjour, activité modérée :

Tels sont les préceptes recommandés aux baigneurs par les enfants d'Esculape, préceptes que doit rigoureusement observer, surtout, quiconque veut faire, avec avantage, sa cour aux Naïades *thermiatres* de Barbazan.

LETTRE-CIRCULAIRE AUX DOCTEURS-MEDECINS.

(1er août 1853.)

MONSIEUR LE DOCTEUR ,

Permettez-moi , dans l'intérêt des malades auxquels vous donnez vos soins , d'appeler aujourd'hui votre attention sur les eaux minérales de Barbazan (Haute-Garonne).

On ne connaît point , d'une manière certaine , l'époque de la découverte de ces eaux , ou , du moins , celle où l'on commença d'en faire usage.

Quand Strabon et Pline lui-même parlent des sources minérales qui se trouvent dans le pays des Convenæ, aujourd'hui de Comminges, ont-ils voulu parler aussi de celles de Barbazan ? C'est ce que je ne dirai pas dans ma lettre. Qu'importe, au reste, que ces eaux aient ou non été connues des Romains ? Ce qu'il s'agit de savoir, c'est si leurs principes constituants offrent à la thérapeutique de puissants et efficaces secours.

Les eaux de Barbazan furent examinées, vers la fin du XVIIe siècle, par Duclos et quelques autres chimistes ; mais alors la science, que le génie des Lavoisier devait, bientôt après, faire briller d'une manière si vive, était naissante encore ; aussi leurs analyses sont-elles incomplètes, inexactes. La seule qui jusqu'ici avait mérité quelque créance, c'est, sans contredit, celle qu'en fit, en 1811, le docteur Saint-André, membre de plusieurs sociétés de médecine.

« L'imperfection des connaissances acquises
» sur l'eau minérale de Barbazan, dit-il (1),
» m'a excité à des recherches auxquelles j'ai
» apporté toute l'attention dont j'ai été capable ;
» les résultats m'en ont paru assez intéressants
» pour être exposés dans un certain détail ; ils
» vont servir à faire connaître : 1º les propriétés
» physiques et chimiques de cette eau ; 2º la
» nature des principes qui la constituent miné-
» rale, et doivent la faire regarder *comme une*

_____

(1) Topographie médicale du département de la Haute-Garonne.

» *de celles qui répondront le mieux à l'attente du*
» *médecin ,* lorsqu'il aura à traiter des maladies
» pour lesquelles il jugera nécessaire de déter-
» miner des évacuations salutaires par l'usage
» de quelque eau minérale saline ; sans parler de
» tout ce qui peut en être l'heureuse conséquence;
» sans parler encore des autres propriétés médi-
» cales dont elle jouit peut-être , indépendam-
» ment de son effet laxatif. »

Voilà , Monsieur , comment s'exprime le docteur Saint-André , lorsqu'il parle des eaux minérales de Barbazan. Loin qu'il se soit trompé
dans ses prévisions, une expérience de plus de
quarante années atteste qu'il n'en avait peut-être
pas même soupçonné toutes les aptitudes média-
trices.

D'après les observations du docteur Dulac ,
que ses lumières et sa longue pratique firent
regarder comme l'*oracle* du pays où il exerça ,
les eaux minérales de Barbazan ont eu du succès dans la suppression du flux menstruel , dans
la chlorose , dans la gravelle et les autres maladies des voies urinaires, dans les affections de
la peau et les engorgements des articulations ,
dans la convalescence des maladies aiguës , dans

les fièvres intermittentes rebelles, et à la suite de
ces mêmes fièvres quand elles avaient laissé des
empâtements dans les viscères abdominaux.
Enfin, il les conseillait avec avantage, disait-il
encore, dans les cas d'inappétence, et, en général, dans toutes les maladies où prédomine
l'atonie.

Etranger à la science médicale, il ne m'ap-
partient pas, Monsieur le Docteur, de faire
l'exposé des propriétés thérapeutiques des eaux
dont j'ai l'honneur de vous entretenir. Je dirai
seulement que les cures remarquables qu'elles
opèrent tous les ans faisaient désirer à plusieurs
de vos confrères de connaître les éléments chimiques qui entrent dans leur composition. Or,
c'est ce qui vient d'être constaté par un de nos
chimistes les plus distingués : M. Filhol, professeur à l'Ecole-de-Médecine de Toulouse, a bien
voulu se charger de ce soin, et son travail ne
laisse rien à désirer.

Persuadé, Monsieur, que le bien de l'humanité souffrante est l'objet de votre sollicitude,
comme il est le mobile des recherches et des
travaux de notre savant chimiste, j'ai l'honneur

de porter à votre connaissance les résultats de son analyse.

Veuillez agréer l'expression des sentiments respectueux avec lesquels j'ai l'honneur d'être,

Monsieur le Docteur,

Votre très humble et obéissant serviteur,

DESCAILLAUX.

DEUXIÈME PARTIE.

LA VALLÉE DE COMMINGES.

De toutes ces magnifiques et délicieuses vallées qu'on remarque au pied des Pyrénées, aucune n'est plus riante et plus belle que celle de Saint-Bertrand-de-Comminges.

Cette vallée, de forme à peu près triangulaire, est bornée, au nord et à l'est, par des montagnes d'une élévation médiocre, où l'on voit, à côté de superbes taillis, des champs dont la surface d'argile se couvre, chaque année, d'épis jaunissants comme d'un large manteau d'or. Des montagnes beaucoup plus élevées la bordent dans la direction du sud-est au sud-ouest, jusqu'aux pentes escarpées du Sacon, dont la cîme arrondie s'élève à plus de quinze cents mètres audessus du niveau de la mer. C'est le géant dominateur de la vallée. Là, la chaîne descend d'une manière

rapide, et, obliquant brusquement vers le nord-
ouest, va mourir à l'extrémité du vallon de la
Neste, au-delà des villages de Tibiran et Jaunac.

Avec leurs bouquets de bruyères, leurs gazons,
leurs mousses pendantes ; avec leurs futaies de
chênes, de hêtres et d'ormeaux, que ces montagnes sont belles ! Là, point de glaciers, point
de fondrières, point de rochers aux longues arêtes.
L'avalanche n'y glaça jamais d'effroi l'habitant
de la vallée. Dans la joie d'une vie calme et douce
comme la nature qui l'entoure, il sillonne, en
chantant, les pentes méridionales des coteaux au
nord, tandis que des troupeaux de brebis, de
vaches et de chevaux errent suspendus aux flancs
des monts opposés.

Si les montagnes qui dominent la vallée de
Comminges présentent des images et des aspects
pittoresques, celle-ci n'en offre pas de moins
beaux. Là, des masses de verdure et de fleurs
charment partout les regards éblouis. La rose et
le dahlia y étalent à l'envi leurs couleurs à côté
d'une multitude de plantes potagères. Là, s'éten-
dent des prairies magnifiques, des vergers peu-
plés d'arbres fruitiers de toute sorte, et des champs
couverts de superbes moissons de blé, de sarrazin

et de maïs, audessus desquelles la vigne, mariée à l'érable, balance, au souffle de la brise, ses éventails de verdure, et forme, avec les grappes pendantes de ses fruits verts encore, mille voûtes, mille portiques où le rossignol semble moduler, la nuit, les airs mélancoliques et tendres que la jeune fille a soupirés le jour.

La Garonne, grossie des flots de l'Ourse (1) qu'elle reçoit presque en entrant dans la vallée, roule du sud au nord le cristal de ses ondes, au milieu d'une double haie de saules, d'aulnes et de peupliers, qui semblent, pour ainsi dire, l'accompagner partout jusqu'au sortir de la vallée. Des canaux, dont le trop-plein s'échappe dans les prairies à l'est alimentent sur sa droite une multitude de moulins à scie et à farine. L'Ourse a aussi les siens sur la rive opposée, et la route nationale de Luchon coupant droit ce cadre vert, s'élance, comme un long ruban de moire blanche, vers les montagnes du sud.

D'autres routes, où incessamment se croisent

(1) L'Ourse est une petite rivière, qui, descendant des montagnes de Barousse, traverse du sud au nord la vallée de ce nom, et va mêler ses flots à ceux de la Garonne, un peu audessus de Loures.

des hommes, des enfants, des femmes, des at-
telages de charrettes et de bœufs, se déroulent
encore dans l'intérieur et tout autour de la vallée,
traversant çà et là une multitude de jolis petits
villages.

Rives du Meschacebé, coteaux du Taygète,
bocages d'Hémus, vous n'êtes ni aussi aimables,
ni aussi riches peut-être que les coteaux et les
prairies que j'ai essayé de décrire ; mais le pinceau
des Chateaubriand et la lyre des Virgile jetèrent
sur vous un prestige d'éclat et de gloire qui vous
distinguera entre toutes les autres vallées, et
vous fera aimer, dans la longue suite des âges,
comme les chants immortels dont vous fûtes
l'objet !

BARBAZAN.

——o—⊖—o——

C'est dans l'angle le plus reculé , à l'orient de la vallée de Comminges , qu'est situé le village de Barbazan.

Du pont de Labroquère , où l'on quitte la route impériale de Luchon , on y arrive par un chemin large et uni. Des maisons blanches , qui s'élèvent en amphithéâtre présentent de loin un aspect tout-à-fait pittoresque, et donnent une idée assez exacte du bien-être et de l'aisance qui règnent dans ce village , le plus riche de la vallée. On y voit des habitations vastes , commodes , bâties en général avec assez d'élégance et de goût.

La route de grande communication de Labroquère à Encausse , qui le traverse dans toute sa longueur de l'ouest à l'est, contribuera beaucoup à son embellissement, lorsque les travaux d'élargissement déjà commencés dans l'intérieur du village seront terminés.

Au centre est une église simple, modeste, mais élégante, où l'on remarque un bel autel de marbre, et un tableau d'un grand prix, qui représente le *Christ* mourant sur la croix.

Le Christ a les yeux levés vers le ciel qui l'attend ; de sa bouche entr'ouverte on croit ouïr s'échapper la dernière parole de l'homme-Dieu expirant : le sublime *consummatum est*. La pâleur de la mort voile déjà ce visage auguste, où néanmoins brille toujours l'empreinte de la divinité. Semblables à de petites perles de corail, quelques légères gouttes de sang ressortent sur la blancheur de ce front céleste, qui se penche peu à peu vers la terre. Le Christ va rendre le dernier soupir !...

Sa mère et le disciple bien-aimé sont debout à côté de la croix. Le regard attaché sur son fils, la mère de Jésus dévore en silence les angoisses que lui cause cette scène déchirante, et des larmes coulent de ses yeux. Comme elles sont touchantes ces larmes, comme elles vont droit au cœur ! Dans ce regard se peint l'âme de la plus tendre des mères qui voit mourir le plus aimable des fils...

Que dire de ce Saint-Jean qui tient les bras et les yeux levés vers Jésus ? Cette attitude dut être bien certainement celle du disciple bien-aimé , quand il vit élevé sur la croix ce Maître si juste, si parfait; cet ami qui, pour mettre le sceau aux témoignages d'affection qu'il lui avait donnés, depuis le jour où il l'avait appelé sur les bords du lac de Galilée, venait encore de l'adopter pour frère en le recommandant à sa mère comme un autre lui-même !

Que de souffrances jetées sur cette toile! Comme la douleur, la résignation et la divinité errent partout dans ce tableau !... Avait-il donc assisté à la mort du Christ, le peintre qui en est l'auteur?

De côté et d'autre de ce tableau sont des colonnes en torsades que surmontent des chapiteaux corinthiens; des pieds de vigne montent en spirale autour de ces colonnes qu'ils couvrent çà et là de pampres et de grappes pendantes.

Le tableau et les colonnes dont je viens de parler, décoraient autrefois la chapelle des seigneurs du château.

A une petite distance, à l'est de l'église, coule

en filet d'argent, une fontaine qui donne une
eau excellente. On regrette que ses alentours ne
soient pas entretenus avec plus de goût, et qu'on
ne l'ait point environnée d'acacias, de platanes
ou de marronniers qui la couvriraient de leurs
rameaux à l'ombre desquels viendraient s'asseoir,
sur le tronc noueux d'un vieux hêtre, le voyageur et les habitants du hameau.

Des prairies, d'une fertilité surprenante, des
vergers tout couverts de pommiers, de poiriers,
de cérisiers, de pampres et d'érables, se montrent
à droite et à gauche du village, et cette grande
multitude d'arbres, exhalant dans l'atmosphère
une quantité considérable de gaz oxigène, contribuent à rendre plus sain l'air qu'on y respire(1).

Avec des environs pittoresques et un climat
des plus salubres, Barbazan joint aussi l'avantage
d'avoir une population remarquable au double
point de vue de ses qualités morales et physiques, une constitution robuste, une taille avan-

(1) Avant que Priéstley, Lavoisier, Chaptal ne nous eussent fait connaître cette propriété dont jouissent les végétaux de donner de l'air vital,
nous savions, dit Julia Fontenelle, que les Chinois allaient remplir des
ballons d'air sur les montagnes très élevées, pour les vendre aux habitants
des villes. (Dissertation sur l'air atmosphérique).

tageuse, une physionomie ouverte, réunis à un caractère franc, loyal et hospitalier, telles sont, en effet, les qualités qui généralement distinguent les habitants de Barbazan.

Donnant un sens trop absolu peut-être aux observations de l'illustre vieillard de Cos, relativement à l'influence des situations sur les climats, l'auteur de la topographie médicale de la Haute-Garonne a peint le climat de Barbazan avec des couleurs tout-à-fait contraires à la réalité.

« Les habitants de cette commune, dit-il (1),
» ne sont ni grands, ni fortement constitués ; ils
» parvienent rarement à une vieillesse reculée,
» et les goîtres y sont nombreux. S'ils arrivent à
» un certain âge, ils deviennent sujets à l'asthme,
» ainsi qu'à la dyssenterie, ou à un flux diarrhoï-
» que; la fièvre qui complique ces dernières af-
» fections est adinamique. Les fièvres gastriques
» y sont communes, et compliquent souvent les
» pleurésies et péripneumonies, qui sont d'ail-
» leurs assez constamment catarrhales ; enfin
» l'on y voit un assez grand nombre d'intermit-
» tentes et même quelques rémittentes dans la
» saison à laquelle elles sont propres. »

(1) Topographie médicale de la Haute-Garonne, page 150.

Si l'auteur du passage précité avait voulu dé-
peindre le climat de l'île de la Gorgone, l'aurait-il
fait avec des couleurs différentes ? C'est ce que
je me suis plus d'une fois demandé en le lisant.

Sur quoi se fonde donc le docteur St-André
pour donner du climat de Barbazan une idée si
défavorable, si peu conforme à la vérité ? Assurément, il n'a pu se convaincre par lui-même
de l'exactitude des faits qu'il avance. Loin, en
effet, que les diverses maladies dont il parle soient
communes à Barbazan, on peut affirmer, au contraire, sans crainte d'être contredit par les praticiens qui y exercent l'art de guérir, qu'elles y
sont, pour ainsi dire, inconnues.

Les fluxions de poitrine elles-mêmes et autres
maladies inflammatoires graves, qu'un air vif et.
très-pur semblerait devoir facilement occasion-
ner, y sont même assez rares ; et les registres de
l'état-civil de cette commune assurent, en dépit
des assertions de Saint-André, qu'on y parvient
très généralement à une vieillesse aussi reculée
qu'à Saint-Bertrand, localité que cet auteur considère, avec raison, comme une des plus favo-
rables à la santé.

David, dans un de ses psaumes, Foderé, dans

sa médecine légale, et le savant Buffon, dans
son histoire naturelle de l'homme, disent que
l'âge de soixante-dix ans doit être considéré
comme le terme le plus ordinaire de la vie humaine. Prenant donc pour point de départ ce
même âge de soixante-dix ans, examinons quelle
est celle des deux communes, de Barbazan ou de
Saint-Bertrand, qui, dans un espace de temps
déterminé, a fourni un plus grand nombre de
vieillards, en ayant égard toutefois à leur population respective.

D'après les tableaux comparatifs de longévité
qui figurent dans la topographie médicale de St-
André (page 584), il résulte que, sur une population dont la moyenne est de 834 habitants,
le nombre des vieillards décédés à St-Bertrand,
au-dessus de soixante-dix ans, est de vingt-neuf
seulement, depuis 1806 jusqu'à 1812 exclusive-
ment.

Or, d'après les registres de l'état-civil de la
commune de Barbazan, il conste que, durant le
même laps de temps, c'est-à-dire de 1806 à 1812,
et sur une population dont le terme moyen est de
420 habitants, il est mort dans cette dernière

8

localité 22 vieillards, qui avaient dépassé ou atteint leur soixante-dixième année.

De la comparaison de ces diverses données, il ressort clairement que le nombre de vieillards est relativement supérieur dans Barbazan, et que, par conséquent, son climat est, *pour le moins*, aussi favorable à la santé que celui de St-Bertrand lui-même.

La différence en faveur de la longévité dans Barbazan est bien plus frappante encore durant les six dernières années de la première moitié du 19e siècle, c'est-à-dire de 1845 à 1850 inclusivement.

Très généralement, dit Foderé, il a péri, à soixante-dix ans, les deux tiers des naissances. Cette observation ne trouve point son application dans Barbazan. En effet, le nombre total des décès constatés dans cette commune depuis 1845 jusqu'à 1850, est de 59, sur une population dont la moyenne s'élève à 560 habitants. Parmi ces victimes de la mort, vingt seulement ont succombé avant la soixante-dixième année. Treize, d'entre les trente-neuf qui ont dépassé cet âge, sont morts de 80 à 90 ans, et les six autres sont parvenus à cette époque que Buffon considère comme le plus long terme de la vie humaine, c'est-à-dire de 90 à 100 ans.

Le nombre total des décès constatés à St-Bertrand pendant la période précitée, est de 101. Soixante-trois sont morts avant l'âge de 70 ans, et parmi les trente-huit qui l'ont dépassé, pas un n'est parvenu même à sa 90e année.

En présence de faits aussi frappants, aussi matériels, que deviennent les assertions de St-André ?

De toutes les logiques, celle de Barême est incontestablement la plus serrée, la plus inflexible ; or, c'est précisément celle-là qui établit, comme on vient de le voir, que, malgré *son exposition au couchant*, Barbazan doit être considéré comme une des localités les plus salubres.

CHATEAU DE BARBAZAN.

———o—⊖—o———

Sur la pointe d'un roc élevé se montre, à l'orient du village de Barbazan, un château gigantesque qui dès le IXe siècle avait déjà ses seigneurs suzerains. Comme aux jours de son antique splendeur, le vieux manoir lève encore ses flèches pyramidales au-dessus de la vallée qu'il domine.

Là chevauchaient, au milieu d'un brillant entourage, de pages, de damoiselles et d'écuyers, ce Manaud et cet Arnaud-Guillaume de Barbazan (1),

(1) Arnaud Guillaume de Barbazan devint chambellan de Charles VII et général de ses armées. Charles lui fit don d'un sabre précieux avec cette devise : *Ut casu graviore ruant.* Ce brave chevalier, surnommé le chevalier sans reproche, se distingua surtout au siége de Melun et à la bataille de Belleville, où il périt glorieusement.

qui, dans les guerres que la France eut à soutenir contre l'Angleterre, sous le règne de Charles VII, se distinguèrent à l'égal des Richemont, des Dunois et des Xentrailles. Là fut encore le berceau de mille autres suzerains, moins vaillants, peut-être, qui tyrannisèrent les malheureux attachés à leurs terres jusqu'au jour où le souffle révolutionnaire, se levant dans sa force, chassa devant lui rois, nobles et paladins, semblables à ces pâles nuages qu'emporte un vent rapide du sud.

Avec ses derniers seigneurs disparut la puissance de l'antique manoir. Une famille de distinction vint l'habiter depuis (1). Ce fut, pour le château, comme un reflet des anciens jours ; ses créneaux se relevèrent ; des tapisseries magnifiques, des tentures brillantes de satin ou de velours pourpre, des candélabres superbes, des tableaux et des meubles d'un travail exquis décoraient déjà l'intérieur de ses salles, où tournoyaient légères, au son d'un instrument mélodieux, une multitude de jeunes marquises et de *ladys*, beautés ravissantes, dignes du pinceau d'Apelles. Des cavalcades brillantes se

(1) Le duc et la duchesse de Rovigôo.

pressaient, le jour, autour du donjon que les hurlements d'une meute nombreuse faisaient retentir la nuit.

Quelques années s'écoulèrent à peine, et la noble famille partit, et les fêtes disparurent, et le silence se fit plus profond dans le château délaissé. Il est là maintenant, solitaire, isolé, destiné à raconter aux générations futures la vaillance et les hauts faits d'armes de quelques-uns de ses maîtres, la tyrannie de plusieurs autres, la chute et l'exil de tous.

De tant de beaux et vastes domaines, qui faisaient autrefois sa richesse, il ne lui reste plus qu'un humble verger. Le cor des chasseurs, et les longs aboiements des chiens ne fatiguent plus les échos aux détours des montagnes. Aujourd'hui, le manoir est fermé. On ne voit plus, dans l'enceinte de ses murs, ni damoiseaux, ni pages, et le regard mollement attaché sur les cîmes vaporeuses des montagnes, qui se dressent à l'horizon, la jeune châtelaine ne rêve plus la nuit au luth du ménestrel. Tout a disparu !... Le touriste qui parfois erre encore dans le dédale de ces salles immenses, n'y rencontre plus que le silence, la solitude et le temps.

En face du château s'étend une terrasse qu'ombragent de superbes tilleuls. Dans les beaux jours d'été, quand, suspendu aux portes du couchant, le soleil couronne de ses rayons mourants la crête des montagnes, et que quelques légers nuages errent dans l'immensité des cieux, comme des îlots de pourpre à la surface d'une mer d'azur, c'est du haut de cette terrasse, qu'il faut venir admirer le spectacle de la vallée : rien ne peut être comparé au panorama qu'elle présente alors, et l'on n'est plus étonné, que le plus grand de nos poètes l'ait trouvée belle par-dessus même, les vallées les plus célèbres de la Grèce et de l'Asie mineure.

LE BOSQUET DES BAINS DE BARBAZAN.

Les environs des bains de Barbazan sont délicieux. Ils forment un paysage sympathique qu'on aime à première vue.

D'un côté, des prairies verdoyantes bordées de superbes avenues de peupliers, qui se prolongent jusqu'aux rives de la Garonne, à une distance de cinq à six cents mètres ; de l'autre, un tertre charmant que couronnent des chênes antiques, à l'ombre desquels les baigneurs aiment à se reposer, et où l'on respire un air pur et sain (1). Les vents qui circulent sans cesse sur ce petit monticule entraînent ou épuisent l'excès

---

(1) Quand vous me verrez prêt à mourir, disait Rousseau, portez-moi à l'ombre d'un chène ; je vous promets que j'en reviendrai.

(*Confessions*, LIV. 6),

d'humidité dont pourrait être saturée l'atmosphère et y entretiennent, pendant l'été, une agréable fraîcheur. Aussi, quand, au milieu d'un air embrasé, la campagne ne retentit au loin que du rauque chant du grillon, avec quel plaisir ne va-t-on pas s'asseoir sous ces dômes de verdure que le souffle du zéphir caresse encore et balance sur la cîme du tertre enchanté !

Ce bosquet est comme un petit belvédère placé par la nature auprès de l'Etablissement des Bains. On y jouit d'une perspective magnifique.

A l'est, c'est Barbazan entouré de pampres, comme une Bacchante, et dominé par son antique manoir dont les flèches en pyramide font silhouette sur le bleu du ciel. Au nord-ouest, Labroquère, si mollement assis entre deux chaînes de coteaux ! Le clocher rustique d'Izaour, le village et le château de Sarp se montrent dans l'angle sud-ouest ; et plus loin, vers l'occident, la gigantesque cathédrale de Comminges se redressant comme un énorme bloc de granit, lève majestueusement sa tête par dessus les remparts de la cité antique.

Ce clocher, dont on aperçoit à peine la flèche grisâtre, à une petite distance de Saint-

Bertrand, c'est la tour de Saint-Just, ouvrage des Romains.

Mais quel est, au centre de la vallée, ce petit village qui se cache derrière une longue file de peupliers, là-bas ? C'est Loures, le joli Loures, Loures le coquet ; semblable à un beau plant de cerisiers en fleurs, il fait reluire au soleil l'albâtre de ses murs.

Combien j'aime ce bosquet et qu'il me rappelle de touchants souvenirs !... Qui pourrait dire le charme de ses nuits, lorsque le léger souffle de la brise berçait aux rameaux des vieux chênes les rayons tremblants de la lune, et que le clairon d'un frère, qui n'est plus, hélas ! remplissait le silence de la vallée d'une suave harmonie !... Ce clairon est aujourd'hui muet, mais ses derniers accents résonnent encore à mon oreille comme la voix expirante d'un écho lointain...

Objets chers à mon cœur ! mes regards ne vous rencontreront plus sous les chênes où je vous ai vus tous les trois réunis, mais vous vivrez toujours dans mon souvenir ! Comme le marbre conserve l'empreinte des caractères qu'y imprima le burin, ainsi vos traits adorés resteront gravés dans mon cœur !...

LA FORÊT DE HÊTRES DE SARS.

Sur les flancs nord de la montagne qui borne au sud-est la vallée de Comminges, en face du village même de Barbazan, on voyait une forêt si vaste, si belle, qu'elle ne le cédait en rien à celles qui croissent dans ces contrées vierges de l'Amérique, dont parle le chantre immortel d'Atala.

Là, s'élevaient des milliers de hêtres antiques dont les rameaux touffus formaient comme une voûte immense, impénétrable aux rayons de l'astre du jour.

Produits par le même sol, et nourris de la même substance, ces enfants de la montagne ne présentaient cependant pas tous le même aspect, ni les mêmes formes. Comme on remar-

que des traits différents entre les membres d'une
même famille, ainsi, les arbres de la forêt de
Sars avaient chacun leur physionomie parti-
culière. L'un se distinguait par l'élégance et la
beauté de sa taille, qui s'élevait légère, ainsi
qu'un obélisque égyptien ; l'autre formait comme
un escalier en spirale ; celui-ci présentait la forme d'un sphinx (1) ; celui-là la tête d'un lion
avec une épaisse crinière de mousse ; cet autre
affectait la pose d'un vieillard courbé par les années ; mais tous cependant s'élevaient dans les
airs à des hauteurs qui fatiguaient les regards.

Bercés par le souffle de la brise, ces arbres
faisaient entendre des sons mélodieux et tendres
comme un faisceau de lyres harmonieuses ; mais
quand, descendant rapides du ciel, les vents se
heurtaient sous les voûtes et les dômes immenses du mobile édifice, il sortait alors du sein de
la forêt antique des voix graves, formidables,
sublimes, comme celle de l'Océan agité par le
génie des tempêtes.

_____

(1) Ceux qui ont vu les belles forêts des Pyrénées , n'ont pas manqué
de remarquer, sans doute , combien les troncs noueux des vieux arbres,
principalement des hêtres , présentent des formes bizarres et originales.

Combien de fois les anciens habitants du hameau n'avaient-ils pas égaré leurs pas dans la
nef immense de ce temple aux mille piliers !
Combien de fois n'étaient-ils pas venus s'asseoir à leur ombre !... Hélas ! bientôt, cette
forêt, dont une partie est encore debout, aura
tout-à-fait disparu ! — A ses pieds battent, tous
les jours, les cognées d'une nuée de Vandales.
L'air retentit de leurs coups redoublés. Comme
la flamme qui est près de s'éteindre, le vieux hêtre vacille déjà sur sa base. Il se penche enfin,
l'arbre séculaire succombe, et tandis que les
échos d'alentour murmurent encore son adieu le
plus tendre, sa tête a déjà frappé le sol.

Le voilà étendu sur la mousse que depuis mille
siècles peut-être il couvrait de son ombre !...
L'oiseau ne trouvera plus un abri dans ses rameaux solitaires. Le soleil ne les dorera plus de
ses rayons naissants. Bientôt son tronc calciné
sera jeté en pâture aux cyclopes de Gaud (1)!...

Détournons les yeux de cette scène de ruines,

(1) Les hêtres de la forêt de Sars ont été achetés par le régisseur ou
propriétaire des forges de Gaud, situées entre Cierp et Bagnères-de-
Luchon.

et, achevant de grimper au sommet de la montagne, allons contempler le magnifique tableau qui s'offre de là aux regards. Quel spectacle ! D'un côté, des vallées, des coteaux, des plaines que prolongent d'autres coteaux et d'autres plaines encore ; de l'autre, les pics de Gar et du Midi de Bigorre, Kagire, le Moulné, Crabère, les cîmes de la Maladetta, tous les titans des Pyrénées, avec leurs neiges, leurs rochers, leurs glaces ; avec leurs noires zones de sapins ! et, comme dernier trait à ce tableau déjà si sublime, tout autour de soi des troupeaux et des bergers, qui errent çà et là dans des champs à une élévation de plus de cinq cents mètres au-dessus du sol de la vallée !

Que font les artistes ? où sont les peintres et les poètes ?

A l'extrémité occidentale d'un des champs de la montagne, on voyait, il y a quelques années, sur le bord d'un ravin, deux cercueils faits avec des dalles semblables et également travaillées. Ils renfermaient des ossements arides, recouverts dans plusieurs endroits d'une légère couche de poussière très fine, qui s'était introduite par les interstices des dalles, avant qu'eût lieu l'éboulement du terrain qui les avait mis à découvert.

Depuis combien de temps ces ossements reposaient-ils dans ces lieux? A qui avaient-ils appartenu autrefois? Etait-ce les cendres de deux époux, de deux frères, de deux amis? Pourquoi avaient-ils été inhumés sur le sommet de cette montagne solitaire? Ces mystères furent le secret des deux tombes... Muettes comme les ossements qu'elles renfermaient, elles ne le trahiront jamais.

Un sentier suspendu aux flancs de la montagne, qu'il traverse diagonalement, conduit au village de Barbazan par une pente assez douce. De l'extrémité supérieure de ce sentier, le regard contemple, à vol d'oiseau, l'ensemble de la vallée et s'arrête, ravi, sur la nappe limpide d'un petit lac qui, semblable à un champ de lin en fleurs, se colore de l'azur des cieux. C'est le *Lac* de Barbazan.

LE LAC DE BARBAZAN.

Ce lac, de forme à peu près ovale, présente
une surface de trente mille mètres carrès (1). Une
large ceinture de joncs aux pieds desquels brillent
comme autant de flocons de neige quelques blanches fleurs de nymphéa, le bordent tout autour.
La hauteur des eaux, à peu près la même dans
toutes les saisons de l'année, n'éprouve quelques légères variations que durant les longues
sécheresses, ou à la suite des pluies qui succèdent quelquefois aux fontes rapides des neiges
sur les coteaux voisins. Le trop-plein s'échappe
alors par un petit canal qui communique, un
peu plus bas, au grand fleuve pyrénéen.

(1) Selon une tradition du pays, ce lac occupe l'emplacement d'un
ancien bourg ou village abîmé dans les eaux. On voit encore à une petite
distance, vers le nord, les ruines d'un temple antique.

On retire de ce lac des sangsues très estimées. Le terrain des prairies qui l'environnent est tourbeux, noirâtre et naturellement stérile; mais l'infatigable activité des propriétaires le force à se couvrir, chaque année, des foins les plus beaux, les plus odorants.

En hiver et vers la fin de l'automne, mille oiseaux aquatiques sillonnent à l'envi la surface du lac limpide et s'y bercent, la nuit, au milieu des étoiles. Mais c'est surtout dans les beaux jours d'été, lorsque l'herbe est tombée au tranchant de la faulx, que ses bords présentent l'aspect le plus animé. Des nuées d'hirondelles effleurent en tous sens le cristal de ses ondes, où vient aussi se mirer parfois un papillon de pourpre et d'or. L'air retentit des voix virginales d'un essaim de jeunes filles, qui, çà et là promènent leurs râteaux agiles sur la surface immense de la prairie.

Vous qui aimez les chants simples et naïfs des vierges de la solitude, venez écouter celles de la vallée de Comminges, et dites si leurs tendres accords ne valent pas les airs étudiés que font entendre les dames de nos villes!

Quelle simplicité, mais en même temps quelle

9

harmonie dans ces chants ! Comme ces voix sont limpides ! Comme elles sont toujours dociles aux leçons de la nature , leur unique maître en musique !

La beauté de la voix n'est pas le seul agrément que la nature ait accordé aux femmes de ces montagnes. Prodigue , à leur égard , des trésors dont elle est , en général , si avare partout , elle a fait choix, pour elles, de ces charmantes combinaisons de couleurs et de formes qui constituent cette fleur si suave de la beauté , devant laquelle, comme le dit si bien Dupaty , le cœur de l'adolescence commence à battre , l'imagination de l'homme s'enflamme encore , quand rien ne peut plus l'échauffer, et dont le souvenir quelquefois attendrit ou fait sourire le vieillard.

Leur démarche est gracieuse, eur taille svelte et légère. Une pensée quelquefois spirituelle , mais toujours aimable , se cache derrière leur regard ; enfin, la simplicité et la candeur semblent être , chez elles, les compagnes inséparables de la beauté.

N'est-ce pas ainsi , ô Properce , que tu aurais voulu ta Cynthie, lorsque , lui reprochant sa

coquetterie et son affectation à se parer, tu lui
disais dans des vers immortels :

Quid juvat ornato procedere vita capillo
Et tenues Coa veste movere sinus?
Quid &, &. (Ad Cynthiam elegia secunda).

« Pourquoi tous ces parfums, cette tresse élégante,
L'or qui luit sur l'azur de ta robe ondoyante ?
Enfin, pourquoi ce fard ? chaque ornement ; hélas !
Te dérobe une grâce, et te coûte un appas.
Va, crois-moi, ta beauté pare assez ta figure.
L'Amour, qui va tout nu, n'aime pas la parure.
Aucun art dans les champs, dans les champs tout est beau.
Le lierre a-t-il besoin qu'on l'unisse à l'ormeau ?
Au gré de nos pinceaux, la rose rougit-elle ?
Vois les jeux, vois les bonds de cette eau qui ruisselle.
L'arboisier pour fleurir demande des déserts ;
Le pin suit la nature en montant dans les airs ;
Et l'oiseau des forêts, dont la voix nous enchante,
N'a point étudié ces doux airs qu'il nous chante.

Cynthie, oh ! sans atours, sans diamants, sans or,
Phébé plut à Pollux, Elaïre à Castor :
Idas, lorsqu'à Phœbus il disputait Marpesse,
Disputait la beauté, mais non pas la richesse ;
Et Pélops, que charmait la belle Ænomaüs,
Aimait un front de vierge et des traits ingénus.
Ces beautés séduisaient sans songer à séduire :
On les voyait paraître, on les voyait sourire ;
Point d'art, nul ornement, seulement la pudeur

A leurs simples attraits ajoutait sa rougeur ,
Laisse donc là ton luxe , ô maîtresse adorée !
Plaît-elle à son amant , une belle est parée (1). »

(1) Traduction de Dupaty.

SAINT-BERTRAND DE COMMINGES.

———o-⊖-o———

Son origine, sa puissance et ses revers.

C'est sur un monticule isolé, à l'extrémité occidentale de la vallée de Comminges, qu'est située sur la petite ville de St-Bertrand, l'ancienne *Lugdunum Convenarum.*

Polybe en attribue la fondation à Scipion l'Africain ; mais Strabon, Pline, Ptolémée, l'itinéraire d'Antonin et Grégoire de Tours, l'attribuent à Pompée.

Dans ses lettres contre Vigilance (1), saint Jérôme nous apprend qu'après la mort de Serto-

(1) *Ep. XLIII Cneïus Pompeius, edomitâ Hispaniâ, ad triumphum redire festinans, latrones et convenas de Pyrenei jugis deposuit, et in unum oppidum congregavit, undè et Convenarum nomen urbs accepit.*

rius, arrivée vers l'an 683 de la fondation de
Rome, soixante-onze ans avant Jésus-Christ, le
grand Pompée fit descendre des cîmes neigeuses
des Pyrénées les restes des légions qui avaient
suivi son illustre adversaire et qu'il les réunit en
corps de cité sous le nom de *Convenæ* à Lugdunum, ville située dans cette partie des Gaules que
les Romains appelaient Aquitaine.

« Le nom de cette ville, dit M. Du Mège (1),
semble annoncer une origine gauloise. Ce nom
est formé de deux mots Celtes : Lug ou Loug et
Dunum.

» Un étimologiste, connu par des travaux
utiles, croit que Lug vient de *Louch*, marais,
lac, étang ; Tun ou Dun signifiait colline ou
élévation ; Lugdunum des Convenæ porterait
donc le nom de *colline* ou de *montagne*, du *marais*
ou de *l'étang*.

» On voit encore dans cette ville un petit
étang alimenté par une source, et qui devait
être autrefois plus considérable qu'il ne l'est
aujourd'hui ; cet amas d'eau est à peu de distance
de l'église cathédrale de Comminges. »

_____

(1) Statistique générale des départements des Pyrénées, tome II

M. Castillon , d'Aspet , pense que Lugdunum fut ainsi nommé, à cause du voisinage du lac de Barbazan , situé à peu de distance de cette ville et dans la même vallée (1).

Cette opinion ne paraît pas dépourvue de vraisemblance.

Selon le témoignage de Strabon (2) , la cité des Convenæ avait été élevée au rang de colonie de droit latin. Grâce à ce privilége , cette ville acquit une grande puissance sous les empereurs Romains. Les débris qu'offrent encore aujourd'hui les alentours de St-Bertrand , attestent qu'elle s'étendait dans la plaine et à l'entrée de la vallée. Devenue l'une des premières villes de l'Aquitaine, Lugdunum était à l'apogée de sa splendeur , lorsqu'un hasard en causa la ruine en 585. Voici , d'après Grégoire de Tours, les détails de ce drame sanglant :

Gondowald , fils naturel de Clotaire Ier, avait été élevé avec soin par sa mère et instruit dans les lettres. Selon la coutume des rois Francs , il laissait flotter sur ses épaules les boucles de

(1) *Vid*. Histoire des populations pyrénéennes et du Nébouzan, tom. 1.
(2) *Lib*. IV.

sa longue chevelure. Sa mère le présenta au roi
Childebert, et lui dit : « Voilà ton neveu, le fils
du roi Clotaire ; parce que son père ne l'aime
point, prends-le avec toi, car il est de ton sang. »
Childebert, qui n'avait pas de fils, le garda avec
lui ; mais Clotaire envoya des messagers pour
redemander l'enfant, et l'ayant reçu de Childebert, il lui fit raser les cheveux, prétextant qu'il
n'était pas né de lui.

Après la mort de Clotaire, Gondowald fut reçu
par Charibert ; mais Sigebert l'ayant fait venir,
lui fit encore raser la tête, et le relégua dans la
ville de Cologne, où il mena une vie misérable,
réduit, pour gagner son pain, à peindre à fres-
ques les murs des églises et des châteaux. Ses
cheveux ayant repoussé, il s'échappa de ce lieu,
se rendit près de Narsès, qui gouvernait alors
l'Italie, et passa de là à Constantinople, où
il fut favorablement accueilli par l'empereur Jus-
tin, et ensuite par Tibère, son successeur, à la
cour duquel il resta environ quinze ans.

Cependant les seigneurs d'Austrasie et d'Aquitaine, voulant avoir un roi qui dépendît d'eux,
jetèrent les yeux sur Gondowald, et députèrent
vers lui le duc Gontran-Bozon. Celui-ci, après

lui avoir représenté que sa famille était fort diminuée, que Gontran, son frère, n'avait pas d'enfants ; que ceux du roi Chilpéric étaient morts avec lui, à l'exception d'un fils âgé seulement de six mois ; et qu'enfin, Childebert, son neveu, fils de Sigebert, était incapable de gouverner : *Viens, lui dit-il, parce que tu es appelé par tous les principaux du royaume de Childebert, et personne n'ose dire un mot contre toi, car nous savons tous que tu es fils de Clotaire; et il n'est resté personne dans les Gaules pour gouverner ce royaume, à moins que tu ne viennes.*

Gondowald se laisse persuader et revient en France chargé de richesses immenses, dont Tibère lui avait fait présent, *dans la vue de ce qu'il pouvait être un jour* (1). Il débarque à Marseille, où l'évêque lui fait l'accueil le plus favorable, et s'avance de là vers Avignon, auprès du patrice Mummole. Mais Gontran Bozon, violant son serment et sa promesse, s'empare de ses trésors et l'oblige de se sauver dans une île de la Méditerranée. Il en sort quelque temps après, et

(1) Mezeray Abrégé chronologique de l'*Histoire de France*, tom. 1er, édit. de 1690, in-4º.

soutenu par Mummole ; par Sagitaire , évêque
de Gap ; Didier , duc de Toulouse , et enfin par
beaucoup d'autres grands du Midi , il s'empare
de Toulouse , de Bordeaux , de Périgueux , et
arrive à Brive-la-Gaillarde , où il est élevé sur
le pavois.

Effrayé du danger qui le menace , le vieux
roi de Bourgogne se hâte de renouer avec Childebert ; il l'adopte pour son héritier, et fait marcher contre Gondowald une armée, dont il confie
le commandement à Leudegisile et au patrice
Egilas. — Instruit de son approche , et se voyant
abandonné d'ailleurs de presque toute l'Aquitaine,
Gondowald repasse la Dordogne, et précipite sa
marche vers les Pyrénées , afin de passer de là
en Espagne où il a envoyé déjà ses deux fils.

Cependant l'armée Bourguignone le suit de
près. Les troupes qu'il a laissées pour défendre
le passage de la Garonne, ne pouvant résister aux
ennemis, vont enfin le rejoindre à *Lugdunum-
Convenarum* , place forte et imprenable , dont
Cariulfe , comte de ce pays , lui avait ouvert
les portes.

Cependant les soldats de Gontran arrivent devant les murs de Lugdunum , s'emparent des

faubourgs , ou de la ville basse , qu'ils détrui-
sent , et livrent à la cité plusieurs assauts qui
sont vaillamment soutenus. Au rapport de Fré-
dégarius , cette place était si forte et si bien
pourvue de vivres, qu'on eût pu s'y maintenir
pendant plusieurs années sans avoir aucunement
à souffrir de la faim.

Pendant le siége, les soldats de Leudegisile ,
se glissant le long du rocher , parlaient souvent
avec Gondowald et l'accablaient d'injures. « Es-
tu ce peintre , lui criaient-ils , qui, dans le
temps du roi Clotaire , barbouillait les murs et
les voûtes des oratoires ? Es-tu celui que les
habitants des Gaules avaient coutume d'appeler
du nom de Ballomer, et qui , à cause de ses
prétentions , fut si souvent tondu par les rois
des Francs ? Dis-nous au moins , ô le plus misérable des hommes, qui t'a conduit en ces lieux?
Voilà la mort présente devant tes yeux ; voilà
la fosse que tu as cherchée longtemps et dans
laquelle tu viens te précipiter ! Dénombre-nous
tes partisans , fais-nous connaître ceux qui t'ont
appelé ? »

Du haut des tours , Gondowald se contentait
de leur rappeler tout ce qui pouvait constater

sa naissance, et citait, pour témoins, sainte
Radegonde, femme de Clotaire Ier, et Ingeltrude,
tante de Gontran, qui pouvaient, disait-il,
attester la vérité de tout ce qu'il avançait. Au
reste, ajoutait-il encore, si votre esprit est
enflammé d'une si grande haine qu'il vous em-
pêche de me reconnaître pour le frère de votre
roi, conduisez-moi vers lui, il fera de moi ce
qu'il jugera à propos. Si vous ne voulez pas
même cela, qu'il me soit permis au moins de
m'en retourner à Constantinople, d'où je suis
venu ; je m'en irai sans faire aucun tort à personne. ».

Le siége durait depuis quinze jours déjà, lorsque Leudegisile, désespérant de se rendre maître
de la ville par la force, jugea qu'il valait mieux
avoir recours à la ruse. Ayant eu des conféren-
ces secrètes avec Mummole, il lui fit entrevoir
que bientôt la ville serait prise, qu'il lui
importait de sortir d'un vaisseau prêt à faire
naufrage, et qu'il lui donnait l'assurance que le
roi Gontran lui rendrait son amitié s'il s'em-
pressait de lui livrer Gondowald. Trompés par
les craintes et les espérances que leur inspira
Leudegisile, Mummole, Sagittaire, de comte

Waddon, et les autres chefs du parti de Gondowald, résolurent de livrer ce malheureux
prince ; s'étant rendus auprès de lui, ils lui dirent :
« Tu sais quels serments de fidélité nous t'avons
prêtés ; c'est pourquoi tu ne dois pas regarder
comme suspect le conseil salutaire que nous
venons te donner. Présente-toi à ton frère,
comme tu l'as souvent demandé. Nous connais-
sons ses sentiments ; il ne veut pas perdre, en
te faisant périr, la consolation qu'il peut retirer
de toi, car il reste peu d'hommes de votre race. »

A cette proposition si éloignée des discours
que lui avaient tenus jusqu'alors Mummole et
les autres complices de sa trahison, Gondowald
ne peut retenir ses larmes. « C'est sur votre in-
vitation, leur dit-il, que je suis revenu dans les
Gaules, et que j'y ai transporté des trésors immenses, dont le traître Bozon m'a dépouillé.
Plaçant, après le secours de Dieu, tout mon
espoir en vous, je vous ai confié mes desseins et
mes vues, et n'ai jamais souhaité de monter sur
le trône que par vous. Si vous m'avez trahi,
vous en répondrez auprès de Dieu ; car c'est lui
que je prie d'être juge de ma cause. »

Mummole répondit qu'ils ne disaient rien de

mensonger ; qu'il y avait même à la porte de la
ville quelques-uns des principaux seigneurs du
royaume qui n'attendaient que son arrivée pour
le conduire au roi Gontran, et qu'il lui donnait
de nouveau l'assurance qu'on ne lui ferait aucun
mal.

Alors Gondowald se dirigea vers là porte de
la ville, accompagné de Mummole. Il ne l'eut
pas plus tôt franchie, que celui-ci la referma,
l'abandonnant seul à la rage de ses ennemis. A
la vue de Gontran-Bozon et d'Ollon, comte de
Bourges, qui l'attendaient, Gondowald ne douta
plus du triste sort qui l'attendait ; et, levant les
mains et les yeux vers le ciel : « Juge éternel,
dit-il, toi qui venges l'innocence opprimée, Dieu,
qui es la source de toute justice, qui hais le men-
songe et la duplicité, je te confie ma cause, et te
supplie de me venger bientôt de ceux qui, con-
naissant mon innocence, m'ont livré comme un
coupable entre les mains de mes ennemis. »

Ayant prononcé ces paroles, il fit le signe de
la croix, et s'en alla avec Bozon et le comte
Ollon. Quand ils se furent éloignés un peu de la
porte, ce dernier l'ayant poussé vivement, le fit
tomber sur la pente de la colline, qui descend

rapidement au-dessous des remparts de la Cité, et voulut le percer de sa lance en disant : « Voilà votre Ballomer qui se dit frère et fils des rois. » La cuirasse dont Gondowald était revêtu résista au fer d'Ollon. Comme ce malheureux prince, s'étant relevé, s'efforçait de regagner la porte de la ville, Bozon l'atteignit d'un coup de pierre à la tête. Il tomba aussitôt, et les soldats étant accourus le percèrent de leurs lances et le précipitèrent ensuite du haut d'un rocher, après quoi lui ayant lié les pieds avec une corde, ils le traînèrent autour du camp. On lui arracha les cheveux et la barbe, et son cadavre resta sans sépulture au lieu même où il avait été précipité.

Mummole passa la nuit à mettre à l'abri du pillage les trésors qui étaient dans la ville. Le lendemain, il en ouvrit les portes à l'armée de Leudégisile, qui, sans distinction d'âge ni de sexe, passa tous les habitants au fil de l'épée, sans en excepter Mummole lui-même et les autres complices de sa trahison. La ville fut ensuite livrée aux flammes ; et bientôt cette Lugdunum, dont la puissance comptait déjà de six à sept cents ans de durée, ne fut plus qu'un monceau de ruines. Grégoire de Tours, à qui sont dus tous ces détails, dit que l'armée du roi Gontran ne laissa, à Lugdunum Convenarum, que le sol vide : *Nihil ibi prœter humum vacuum relinquentes* (1).

Telle fut la chute de Lyon de Comminges. Un long silence historique passa depuis sur ses ruines. Après les invasions sarrazines, un nouvel évêché fut formé dans le pays de Comminges ; mais la ville demeura ensevelie sous ses débris jusques vers la fin du XIe siècle, époque à laquelle elle fut rebâtie par les soins et sous les auspices de l'évêque Bertrand, fils d'Athon Raymond, premier comte de l'Isle-en-Jourdain (2).

Au XVIe siècle, elle eut de rudes assauts à supporter encore.

Persuadé que le tombeau du saint évêque était un obstacle au progrès de ses doctrines, le capitaine Sus, qui, à la tête du parti des Huguenots, occupait le château de Mauvezin, en Bigorre, s'étant emparé, par ruse, de la ville, passa

---

(1) *Gregor. Tur.*, lib. VII.

(2) Cet évêque, qui avait quitté le casque du guerrier pour entrer dans les ordres, fut le bienfaiteur de toute la contrée, et le réformateur du clergé dans son diocèse. Ses vertus et les miracles qu'il opéra le firent mettre au nombre des saints. Lyon de Comminges a retenu son nom, et s'appelle aujourd'hui *Saint-Bertrand.*

presque tous les habitants au fil de l'épée, brûla le palais des évêques et pilla les richesses de la vieille basilique (1).

Cet orage passa; les guerres de religion cessèrent, et Saint-Bertrand jouissait d'une douce paix lorsque la révolution de 1789, emportant et son évêque et son chapitre, la dépouilla de tout ce qui constituait encore son importance.

Aujourd'hui, petite ville délaissée et modeste chef-lieu de canton, elle n'a plus que quelques maisons vastes et désertes, qui s'élèvent en amphithéâtre le long de quelques rues solitaires comme celles de la Sion de Jérémie. Son temple néanmoins attire encore l'attention des touristes; et le tombeau du saint prélat, objet de la vénération d'un grand nombre de fidèles, réunit parfois autour de lui un concours immense de peuple, qui répand sur la ville comme un reflet de sa splendeur aux temps antiques.

(1) D'Aubigné, dans ses Mémoires, prétend que Sus n'attaqua Saint-Bertrand que pour tirer vengeance d'une injure que ses habitants lui avaient faite ; mais son témoignage paraît d'autant plus suspect, qu'il était, lui aussi, huguenot.

CATHÉDRALE

DE SAINT-BERTRAND DE COMMINGES.

———o—⊖—o———

La Cathédrale est située sur le lieu le plus
éminent de la cité. On croit qu'elle fut recons-
truite par les soins de l'évêque Bertrand, sur
les bases d'un temple antique.

Ce monument, l'un des plus remarquables du
Midi, tant à cause de son ancienneté, que de la
beauté des sculptures qui le décorent à l'intérieur,
a cent quatre-vingts pieds de long sur quatre-
vingt-seize de large, y compris la profondeur
des chapelles.

Des pilastres que surmontent des gouttières
taillées en tête de lions vomissants, l'entourent
de tous côtés, excepté à l'occident, où s'élève

une tour carrée dont la hauteur, depuis le pavé
de l'église jusqu'au pavillon des cloches, est de
cent quatre-vingts pieds, nombre égal à celui qui
exprime la longueur de la cathédrale.

Tout, dans l'église de Saint-Bertrand, commande le recueillement ; l'admiration et le res-
pect. En présence de ces statues, de ces mau-
solées, de ces autels, mais surtout de ces murs
noircis de temps, un ravissement difficile à ex-
primer saisit l'âme de quiconque y entre pour
la première fois. Que cet édifice est imposant et
beau ! Quelle richesse, quelle variété dans la
sculpture des boiseries ! Quelle hardiesse dans
la construction des murs ! Quelle majesté dans
l'ensemble de toutes les parties qui le compo-
sent ! La pensée, le regard et la voûte s'élancent
ensemble dans les airs, avec les vitraux et les
rosaces à jour de ces murs hardis et légers...

Que dire des sculptures du chœur ? Comment
décrire ces mille figures de saints, d'animaux,
d'anges et de démons, représentant ici les pro-
phètes, là les vertus allégoriques, plus loin les
sibylles de la Rome payenne! etc., etc. L'imagination et le regard s'arrêtent étonnés devant ce
merveilleux et bizarre tableau, où le moyen-

âge semble respirer encore avec ses contes, ses légendes, son esprit de superstition et de foi.

Dans la partie supérieure du chœur, mais au dehors, sont des médaillons en arceau, placés à égale distance les uns des autres, et dans chacun desquels est une tête parfaitement sculptée. Ces têtes diffèrent toutes entr'elles ; toutes ont des traits particuliers qui les caractérisent et les distinguent : preuve matérielle et sensible des immenses ressources et du talent de l'artiste.

De côté et d'autre du chœur, sont des chapelles parallèles, dans l'une desquelles on remarque le superbe mausolée de Hugues de Castillon, évêque de Comminges, à qui était réservé l'honneur d'achever la construction de la cathédrale, commencée déjà depuis plus de deux siècles. Les bas-reliefs qui entourent les côtés de ce mausolée, représentent un convoi nombreux composé d'hommes, de femmes, d'enfants, de moines et d'abbés, accompagnant à sa demeure dernière la dépouille mortelle de l'évêque. Les figures et les attitudes de tous ces personnages sont rendues avec une telle vérité d'expression, qu'ils semblent se mouvoir encore et respirer dans ce marbre. La statue colossale de Hugues repose, couchée, sur la partie supérieure du cénotaphe. Cet évêque est revêtu de ses habits pontificaux; sa tête, ornée d'une mitre, remarquable par la finesse et la légèreté des broderies, s'appuie mollement sur un oreiller de forme carrée, aux angles duquel pendent des glands en torsades. La mort a fermé les yeux du prélat, mais d'une main si légère, qu'on ne le dirait qu'endormi; et la félicité des cieux se montre, comme à travers un voile diaphane, sur ce front qu'a touché de son aile l'ange de la mélancolie. L'anneau épiscopal brille à l'un de ses doigts; ses bras croisés sur sa poitrine pressent la houlette du pasteur; et le lion, symbole de la ville à laquelle Bertrand a déjà donné son nom, repose couché à ses pieds. On ne peut rien voir de plus fini dans les détails, de plus parfait dans l'ensemble, que ce magnifique mausolée. Un petit dais, travaillé à jour, en forme le gracieux couronnement. Ce monument date de l'an 1352. — Sur une tablette de marbre, encadrée dans le mur qui est en face, est gravée cette inscription :

Anno Domini M. CCC. LII. die quartâ mensis octobris, obiit reverendus in Christo pater dominus

Hugo de Castillionne, Dei gratiâ episcopus conve-
narum, qui hanc capellam construxit et præsentem
cathedralem ecclesiam consummavit, cujus anima
requiescat in pace. Amen (1).

En face de la chapelle qui forme le rond-point
de l'église, s'élève l'autel de Saint-Bertrand. Ses
reliques reposent dans des châsses placées derrière cet autel, au-dessus duquel est une toile
immense où sont représentées diverses scènes
de la vie du Saint. Toutes ces peintures pa-
raissent fort anciennes; quelques-unes ont été re-
touchées malheureusement par un pinceau inha-
bile. L'autel dont je parle fut construit en 1432
par Pierre II, de Foix, évêque de Comminges.

Mais quelle est, de l'autre côté de l'église, cette
boiserie pyramidale que l'on voit à gauche de
la nef ? Comme elle est élégante et légère !
Comme le regard, d'étage en étage, monte avec
plaisir jusqu'à l'ange qui la couronne ! Que si-
gnifient les quelques tuyaux placés au premier
rang de ces niches demi-circulaires qui s'élèvent,

(1) L'an 1352, le 4 octobre, s'endormit dans le Seigneur le révé-
rend père Monseigneur Hugues de Castillon, par la grâce de Dieu évêque
de Comminges, qui fit construire cette chapelle et termina la cathédrale
Que son âme repose en paix ! Ainsi soit-il.

couronnées de dentelures, jusqu'au faîte de cette
admirable boiserie? Ces tuyaux semblent être
des tuyaux d'orgue..... Quoi ces orgues que la
France comptait au nombre de ses merveilles !...... elles sont maintenant sans voix !...
les lyres ont disparu durant les saturnales de
93. Pour les Vandales de cette époque, que pou-
vait-il y avoir de sacré? Dans les transports
d'une haine sauvage et insensée, la main de ces
Erostrates modernes se jouait également des
merveilles des arts et de la cendre des morts.
Qu'ils soient maudits à jamais ceux qui osèrent
insulter aux monuments du génie! Qu'à leur
mémoire s'attache le plus flétrissant stigmate!...

Du côté opposé à la boiserie des orgues, et à
gauche de l'autel de la nef, on voit, suspendu
aux flancs d'un pilier, un crocodile géant dont
huit siècles ont presque dévoré la tête. Pourquoi
ce monstre se trouve-t-il là, et d'où est-il venu?
Je l'ignore. Dans le temps des croisades, quelque
chevalier du pays le porta des bords du Nil, sans
doute : toutefois, la pieuse tradition rapporte que
vers la fin du onzième siècle, ce monstre fut
terrassé par saint Bertrand qui, tenant d'une
main une croix et de l'autre une verge de noise-

tier, le frappa en disant : *Au nom du Christ, cesse
de ravager la contrée !*

Cette porte, qui s'ouvre à droite de l'autel de
la nef, c'est la porte du cloître ; ce cloître mérite
d'être vu. Sa forme est celle d'un carré parfait.
Tout autour s'élève un double rang de colonnes
de marbre blanc que décorent des statues et des
rinceaux de feuillage. Sous les arceaux au nord,
sont des sépulcres antiques, au-dessus desquels
on voit des inscriptions funéraires gravées, en
caractères gothiques, sur des tablettes de marbre
incrustées dans le mur de la cathédrale. Une blanche dalle de marbre placée dans l'angle sud-est
dérobe aux regards l'escalier du caveau où l'on
inhumait jadis les membres du chapitre.

Du haut des fenêtres percées dans le mur extérieur, au sud, le regard plonge dans une prairie
qu'un petit ruisseau arrose de son onde argentine.
Deux monticules, qui se réunissent en forme
d'entonnoir, et sur les flancs desquels errent,
sous de grands chênes, quelques chèvres isolées,
donnent à ces lieux quelque chose de mélanco-
lique qui porte à la rêverie. Ces chênes, ces
coteaux, cette prairie solitaire et ces chèvres,
tout semble rappeler le val isolé où dort, à l'om-

bre d'un mausolée immortel, le *jeune poitrinaire*
de Millevoie (1).

(1) « Sa dernière heure fut prochaine ;
   Vers la fin du troisième jour,
   On l'inhuma sous le vieux chêne.
   Sa mère, quelque temps hélas !
   Visita la pierre isolée ;
   Mais son amante ne vint pas !
   Et le pâtre de la vallée
   Troubla seul du bruit de ses pas
   Le silence du mausolée. »

UN JUBILÉ A SAINT-BERTRAND.

C'était le 2 mai 1833. L'air était tiède, prin-
tanier ; le soleil montait agile et rayonnant dans
un ciel sans nuages. Partout, dans la vallée de
Comminges, on remarquait un mouvement, une
agitation insolites. Le bourdon de Saint-Bertrand
s'agitait sur la tour de l'antique cathédrale, et,
des divers clochers de la vallée, des voix d'airain
répondaient à sa grande voix. Un jubilé venait
de s'ouvrir à Saint-Bertrand ; et des pays du
Béarn et de Bigorre, et des bords de la Save et
du Salat, et des vallées d'Aure, de Larboust, de
Barousse et d'Aran, des flots de peuple s'ache-
minaient processionnellement vers la cité de
Comminges. Des croix d'argent qui brillaient
comme des rubis aux rayons du soleil, s'éche-

lonnaient sur les diverses routes de la vallée, le
long desquelles on voyait flotter aussi des ban-
nières de moire blanche ou azur, ou de velours
pourpre, entourées de longues franges d'or, con-
duisant, celle-ci les pénitents bleus de Montrejeau, celle-là, les pénitents blancs de Boulogne ;
cette autre des groupes de prêtres et des bandes
interminables de pélerins et de jeunes filles vê-
tues de blanc, que suivaient d'autres prêtres
encore et une masse compacte de fidèles de toute
classe, de toute condition.

Les chants des cantiques mêlés au son des
cloches, des tambours et des fanfares, qui se
faisaient entendre par intervalles dans la vallée,
formaient une harmonie grave, étrange qui montait dans les airs en notes sublimes.

Déjà ceux qui ouvrent la marche envahissent
la côte qui tourne le tertre au haut duquel est
assise l'antique Convènes, et forment autour
d'elle comme un immense boa blanc, rose,
bleu, de toute les couleurs. On entre enfin dans
la ville, on pénètre dans le temple, à l'entrée
duquel se présentent deux longues files de soldats qu'on a fait venir de la frontière voisine pour
prévenir les malheurs que pourraient occasioner

l'empressement, la ferveur et la curiosité d'une masse de peuple aussi considérable. Bientôt la cathédrale, les maisons, les rues même ne peuvent plus suffire à contenir la foule qui avance encore. Elle s'arrête enfin, et de même qu'un grand fleuve dont une barrière insurmontable aurait détourné la marche, elle se répand çà et là dans les prairies et sur les flancs du rocher sur lequel la ville est assise.

Jamais peut-être on n'avait vu à Saint-Bertrand un concours d'étrangers aussi considérable.

Les prêtres, que partout on assiège, se fatiguent tout le jour à faire descendre le pardon des cieux sur le repentir qui l'implore.

Cependant les cloches sonnent de nouveau à grandes volées. Un mouvement de religieux enthousiasme se manifeste au sein de l'antique cathédrale. Le pontife de Toulouse, que la solennité de la fête a attiré à Saint-Bertrand, s'avance à la tête d'un clergé nombreux, et la procession des reliques commence. Huit prêtres portent dans des châsses d'argent les restes vénérés du saint évêque. Des chants d'allégresse retentissent dans l'enceinte de la vieille basilique, et de douces larmes de repentir et d'amour coulent des

yeux de la plupart des fidèles. Ils voient passer
les reliques de l'auguste protecteur de la contrée,
et dans les transports d'une ardente foi, il leur
semble voir se lever sur eux la main qui, huit
siècles auparavant, avait béni leurs pères. Cette
illusion est rendue plus sensible encore par la
présence du pieux Archevêque dont le maintien
recueilli, l'air doux et grave à la fois, dont les
vertus enfin semblent rappeler déjà celles du
Saint.

On promène triomphalement dans les rues de
la cité le corps de Bertrand, et l'on rentre enfin
dans la cathédrale en chantant l'hymne d'actions
de grâces.

Cependant, le jour avait fui et la lune, qui se
levait par derrière les montagnes de Barbazan,
projetait au loin l'ombre de la grande tour. A
l'agitation et au bruit de la journée succédèrent
insensiblement le calme et le silence, et bientôt
on n'entendit plus dans la vallée endormie que
le chant mélodieux du rossignol. Ceux d'entre
les étrangers qui n'avaient pu trouver place dans
les maisons de la cité, s'étaient couchés le
long des rues, et, du haut de l'immense cathédrale, l'ombre du saint veillait sur eux. Les

chants recommencèrent avec l'aurore ; ils se renouvelèrent encore pendant deux jours et le *jubilé* se ferma, et la foule recueillie s'éloigna , mais non sans regret, de Saint-Bertrand de Comminges...

Fondateur de Convènes, toi qui jadis remplissais le monde du bruit de tes exploits, où sont maintenant tes triomphes, ô Pompée ? L'enthousiasme de tes victoires a passé avec ta puissance et ta vie ; mais les triomphes du nouveau fondateur de la cité que ton orgueil éleva pour perpétuer le souvenir d'une de tes plus éclatantes victoires, se renouvellent encore à une distance de près de huit siècles. La puissance et le souvenir des bienfaits de Bertrand feront palpiter les cœurs des mille fidèles qui, dans la longue suite des âges, viendront s'incliner à leur tour auprès de son tombeau, devenu depuis longtemps son autel.

ÉVÊQUES DE SAINT-BERTRAND DE COMMINGES

———o-⊖-o———

A quelle époque remonte la création du siége épiscopal de St-Bertrand de Comminges? C'est ce qu'on ne sait pas. Sidoine Apollinaire nous apprend seulement qu'au 5e siècle, un roi des Visigoths, qui avait nom Evarik, fit mourir dans d'affreux tourments l'évêque de *Lugdunum Convenarum*, ainsi que plusieurs autres de la Novempopulanie.

Le premier des évêques de Lugdunum des Convenæ, dont l'histoire ait retenu le nom, est Suavis, qui occupa le siége épiscopal de 506 à 533. Il eut pour successeurs: Presidius, Africanus (St-Afrique), Amélius Ier et Ruffin. C'est sous ce dernier qu'eut lieu la ruine de Lugdunum, l'an 585 de notre ère.

Après son entrée dans la ville, Gondowald, pensant que le siége traînerait peut-être en longueur, et voulant ménager les vivres dont cette place était pourvue, en fit sortir les citoyens inutiles et l'évèque Ruffin lui-même.

Ce n'est que deux cents ans après cet événement, que se trouve la chronologie des évêques du Comminges. Abraham, qui s'était fait remarquer au concile de Narbonne, ouvre la liste de cette seconde série. Depuis ce dernier jusqu'à Bertrand-de-l'Isle, dix évêques, parmi lesquels on remarque Bernard Ier (990-1003), fondateur de l'église de St-Gaudens, se succèdent sur le siége épiscopal de Lugdunum Convenarum.

A la mort d'Oger, Bertrand-de-l'Isle, archidiacre de Toulouse, cédant malgré lui aux instances de Guillaume, archevêque d'Auch, son oncle, et aux *vœux de tous les Ordres du clergé*, accepta enfin, en tremblant, la direction du diosèse de Lyon de Comminges. «Brûlant de zèle pour le salut de son troupeau, dit Vital, son légendaire, ce bon pasteur visitait lui-même toutes ses églises, exhortait avec amour les pécheurs et les retirait du bourbier des vices. Sa sollicitude ne se borna point à ces soins tout spirituels; il releva la cathédrale renversée et l'entoura d'un cloître. Attirés par sa renommée, les étrangers accoururent en foule au lieu où il vivait, et bâtirent sur la colline jadis occupée par la ville détruite. Bertrand pourvoyait à la dépense de la construction.

« Sentant que l'heure de sa mort approchait, il voulut être porté à l'église; après avoir prié son Dieu, il bénit son peuple et s'endormit dans le Seigneur, le 17e jour des calendes de novembre de l'an du Christ 1127 environ, et la cinquantième de son épiscopat. »

Les plus remarquables d'entre les successeurs de ce saint prélat sont : Bertrand III, de Goth (1295-1299), devenu pape sous le nom de Clément V; ce fut lui qui canonisa Bertrand de l'Isle; — Hugues Ier, de Castillon (1335-1352), qui termina la cathédrale commencée par saint Bertrand; — Manaud de Barbazan (1390-1422), fils du chevalier de Barbazan, et dont le frère fut chambellan du roi Charles VII; — Pierre II, de Foix, cardinal (1422-1440), qui éleva, en l'honneur du *Saint*, l'autel adossé au chœur, et fit construire l'église des Cordeliers de Toulouse; — Jean II, de Mauléon (1519-1551), que Pas-

cal vante dans ses lettres , et à qui sont dues
les belles sculptures du chœur ; — Barthélemy
de Donadieu (1625-1640) , que ses vertus ont
fait mettre au rang des bienheureux , et dont on
voit le buste (*vera effigies*) à droite du maître-
autel de la cathédrale.

Le dernier évêque de Saint-Bertrand de Comminges fut Antoine-Eustache d'Osmond. Il occupa le siége épiscopal de 1785 à 1789 , époque à laquelle disparut ce diocèse qui , depuis
Suavis jusqu'à ce même Antoine-Eustache d'Os-
mand , comptait soixante-deux évêques , parmi
lesquels deux papes (Clément V et Innocent VIII),
et six cardinaux.

LA GROTTE DE GARGAS.

De Barbazan à la grotte de Gargas , la distance
est de huit kilomètres environ. On y arrive par
une voie où l'on remarque encore des débris
de constructions romaines, et qu'on appelait,
dit-on , *via Tiburinis* (voie de Tibiran).

Si l'on en croit la tradition , cette grotte porte
le nom d'un ancien seigneur du pays, qui avait
la cruauté d'y renfermer, pour les faire mourir,
les malheureux qui s'étaient attiré son courroux.

Il n'est pas rare de voir, durant la saison des
eaux, des caravanes nombreuses de baigneurs et
de touristes se diriger vers cette grotte célèbre.
Personne n'est admis à la visiter, sans avoir
préalablement payé un léger tribut à un gardien
qui en est le fermier, et dont on voit la modeste
cabane à côté même de la grotte.

Dans sa statistique des Hautes-Pyrénées, M. Laboulinière décrit ainsi la grotte de Gargas :

« L'ouverture de cet antre a plus que la hauteur d'un homme, et, dès l'entrée, on voit sa voûte s'élever, tandis que le sol s'abaisse par une pente légèrement inclinée : bientôt c'est un vaste théâtre rempli de belles colonnes et magnifiquement décoré à la voûte et sur les parois. Les stalactites calcaires qui les recouvrent affectent toutes les formes ; ce sont de riches tentures, des tapisseries ondoyantes, des pavillons chinois, des culs-de-lampe, des candélabres antiques. Une toile légère et repliée sur elle-même semble suspendue au-dessus de l'avant-scène, que bordent deux colonnes latérales. A droite et à gauche sont des grottes accessoires ou secondaires qui se prolongent dans les flancs de la montagne : l'une d'entre elles ressemble parfaitement à une chapelle, par sa forme voûtée. Au mileu est une basse-fosse très profonde que l'on tourne à droite pour arriver jusqu'au fond, où le sol est beaucoup plus bas et presque au niveau de celui de la basse-fosse. Là, les stalactites prennent encore un nouvel aspect, et se présentent sous les formes les plus majestueuses.

L'art et le goût semblent avoir présidé à ces jeux de la nature. Tout-à-fait au fond, est une nouvelle fosse dans laquelle on ne peut descendre sans échelle, et qui peut-être conduit à quelque nouvelle excavation. Il paraît que ç'a toujours été le *nec plus ultrà* des curieux ; car j'y ai vu des chiffres et des noms sculptés sur le spath calcaire. A gauche est une stalactite très-remarquable ; elle ressemble parfaitement au dôme d'un pavillon chinois, et se trouve un peu plus qu'à la hauteur d'homme ; elle domine une ouverture assez élevée, par où l'on entrevoit une grande excavation que l'on ne peut atteindre sans échelle, et qui, sans doute, est un petit prolongement de l'immense cavité dont je viens de donner une esquisse. Le sol est partout recouvert d'une concrétion de spath calcaire, en forme de croûte ; elle a éprouvé, par-ci, par-là, quelques crevasses qui laissent voir la terre ou le roc à nu. On ne peut pénétrer dans la grotte de Gargas qu'à la lueur des flambeaux, même en plein jour ; ce sombre et magnifique palais semble être la demeure du dieu de l'Averne ; et le sifflement des chauves-souris, dont la lumière incommode la faible vue, rappelle les serpents des Furies !... Une belle illumination dans cette demeure souterraine produirait le plus brillant effet. »

M. Laboulinière ne se trompe pas ; j'ai vu une magnifique illumination dans la grotte de Gargas, et j'avoue qu'il est bien peu de spectacles qui m'aient autant frappé.

C'était par une belle journée de mai 1834. Partis de St-Bertrand avant l'aurore, sous la direction d'un maître habile (1), auquel je suis heureux de pouvoir consacrer ici un souvenir d'affectueuse reconnaissance, nous nous acheminions, caravane de trente jeunes élèves, vers les montagnes qui dominent, au sud-ouest, les remparts de la cité. Après avoir franchi les hautes cimes du Sacon, visité les forges et les verreries de Nistos, et parcouru presque en entier l'étroite vallée de ce nom, nous arrivons enfin devant la grotte de Gargas, portant chacun une petite bougie et quelques fagots de bruyères et de genêts. Nous pénétrons dans les profondeurs de la grotte. Bientôt l'éclat de mille feux vient dévoiler à nos regards surpris le

_____

(1) M. Cabal, aujourd'hui secrétaire de l'Académie d'Albi.

tableau le plus merveilleux. Devant nous et autour de nous se dressent des colonnes diapha-
nes de stalactite, de toutes les formes et de tous
les styles. Au-dessus de nos têtes se déploie une
voûte magnifiquement décorée de bouquets , de
lustres et de candélabres antiques , dont les mille
branches, se repliant avec grâce, reviennent légères sur elles-mêmes, puis se divisent encore et se
croisent, semblables aux nervures des anciennes
voûtes gothiques. Ici sont comme des groupes
de végétaux admirablement sculptés; là des blocs
de forme pyramidale , qu'on prendrait pour des
statues colossales de pontifes romains , couverts
de manteaux ondoyants , ou , plutôt, de chapes
superbes ornées de broderies à jour ; là-bas ,
s'ouvrent des bassins dont les parois , arrondis
comme ceux d'une citerne , présentent mille
gracieux coquillages ; et dans ces mystérieux
dédales qui se montrent plus loin encore , l'œil
croit entrevoir enfin une suite de bas-reliefs imi-
tant diverses formes de monstres, d'hommes et
d'animaux.

Il y avait plus d'une heure déjà que j'errais,
avec mes compagnons, dans la grotte , et il me
semblait que je venais d'entrer. Mon imagination

d'enfant avait trouvé dans ces lieux la demeure magique des fées. Cependant, les feux commencent à s'éteindre, et les bougies sont près de finir. Groupés au centre de l'immense souterrain, nous nous mettons à chanter. Je ne saurais donner une idée exacte de l'effet produit par nos chants : répétés par mille échos, ils vont, roulant d'abîme en abîme, jusqu'aux cavités les plus reculées, d'où le chœur même des fées semble répondre à nos voix enfantines.

Fille antique des mers, célèbre Antiparos! (1) que d'autres vantent l'éclat de ton albâtre! j'ai vu la grotte de nos montagnes, et mes yeux ont été ravis des merveilles qu'elle renferme. Les mille échos de Gargas valent bien aussi, ô Fingal (2), les harpes de basalte que, dans le si-

(1) Les stalactites de la grotte d'Antiparos sont d'une blancheur éclatante. En 1673, le marquis de Nointel, ambassadeur de France à Constantinople, pénétra dans cette grotte et y passa les fêtes de Noël, accompagné de plus de cinq cents personnes, qui, jusqu'alors, n'avaient osé y entrer. Il y fit célébrer la messe et graver, sur deux demi-colonnes, l'inscription suivante : *Hic ipse Christus adfuit, ejus natali die mediâ nocte celebrato, 1673.* Pendant trois jours, cette grotte fut continuellement éclairée par cent torches et quatre cents lampes.

(2) La grotte de Fingal est dans l'île de Staffa, l'une des Hébrides (Ecosse). Souvent l'agitation de la mer et le vent, en se perdant au fond de la grotte, à travers les colonnes de basalte disposées en buffets d'orgues, produisent des sons d'une merveilleuse harmonie.

lence de ta solitude, se plaît à faire résonner le léger souffle des mers.

Quand nous sortîmes de la grotte, les derniers rayons du soleil mouraient sur la crête de la montagne ; des hauteurs du Sacon, nous avions admiré son lever magnifique. Nous reprîmes le chemin de Saint-Bertrand. Le crépuscule étendit bientôt son réseau grisâtre ; la mésange chantait près de son nid ; et la brise du soir, qui se levait légère, embaumait au loin l'air du parfum des fleurs.

VALLÉES SUPÉRIEURES DE LA GARONNE.

PIC DE GARD. — SAINT-BÉAT.

———o—⊖—o———

En remontant de la vallée de Comminges aux sources de la Garonne, dans le val d'Aran, le voyageur parcourt successivement une multitude de petites vallées, qui s'élargissant et se resserrant tour à tour, semblent, de distance en distance, offrir à ses yeux le terme de sa course.

Ces vallées sont admirables de fraîcheur, de fertilité et d'agrément. La coupe des montagnes, perpendiculaire à la plaine longue et étroite, présente partout des aspects pittoresques. Des rochers, sillonnés par la foudre ou entr'ouverts par de larges ravins, forment, avec des zones de bruyères et les riches moissons qui ondulent

çà et là sur les rives du grand fleuve, les con-
trastes les plus variés.

Des villages, des châteaux, des ponts de pierre
ou de bois s'échelonnent de distance en distance
le long de la route ou dans les angles rentrants
des montagnes. Le plus élégant et le plus hardi
de ces ponts est celui de Luscan.

Le propriétaire (1) du magnifique château que
l'on aperçoit à une petite distance, le fit construire en 1846, et son inauguration fut un jour
de fête pour les populations des villages envi-
ronnants.

Après le pont de Luscan, la route traverse
les villages de Bertren, Bagiri et Estenos, dernier
relai de poste. Un peu au-dessus est le pont de
chaume qui conduit directement à Saint-Béat,
et près duquel quelques tours ruinées, vues entre
les arbres, indiquent Fronsac, ancien séjour
féodal. De ce même côté du fleuve, on remarque,
le long de la montagne, les villages de Galié et
Ore. Près de ce dernier, mais à une élévation
plus considérable, se montrent Sempé, Lourde
et Antichan, un peu au-delà duquel s'étend,

(1) M. de Goulard, ancien député, ancien représentant.

dans la direction du sud-est, le fameux col des Pantières.

C'est là que, tous les ans, durant le mois d'octobre, se rassemble une multitude de personnes pour assister à la chasse des pigeons sauvages, qui, à cette époque de l'année, traversent les Pyrénées de l'est à l'ouest. Voici comment se fait cette chasse:

Sur la cime des arbres qui s'élèvent à droite et à gauche du col des Pantières, les chasseurs construisent des cabanes de feuillage, où ils se tiennent cachés et silencieux jusqu'au moment où l'air, ébranlé par le battement des ailes des ramiers, annonce enfin leur approche. Alors, les chasseurs embusqués du côté opposé et à l'entrée même du col, poussant de grands cris et lançant dans l'air des raquettes que la timide caravane prend pour des oiseaux de proie, répandent parmi elle une si grande frayeur, qu'elle va tout entière se jeter dans les filets qui ne pouvaient l'atteindre dans son vol élevé. Ces filets, que dans le pays on appelle *pantières*, ont donné leur nom à la gorge ou col qui est le théâtre de la chasse dont je viens de parler.

Un peu au-dessous de cette gorge, et au nord-ouest, serpente la nouvelle route départementale qui va rejoindre, au pont de Chaume, celles de Saint-Béat et de Luchon. C'est à deux kilomètres environ au-dessus de ce pont que se réunissent les eaux de Luchon et d'Aran. Bientôt le bassin, qui de plus en plus se resserre, annonce qu'on n'est pas éloigné de Saint-Béat dont les carrières de marbre se montrent déjà sur la droite ; mais le pic gigantesque de Gard, qui se redresse menaçant à une petite distance à gauche de la route, fixe plus particulièrement l'attention du voyageur.

Comme l'imagination s'agrandit, s'exalte en présence de cette incommensurable masse de rochers qui, tour-à-tour avancent, reculent, s'élèvent d'étage en étage, forment des flèches, des aiguilles, des tours, et par-dessus toutes ces cimes, un pic plus allongé encore, qui surgissant enfin aux yeux découragés, couronne et protége cette architecture sublime !...

C'est l'âme émue encore des impressions qu'y a fait naître ce merveilleux tableau, qu'on arrive à l'entrée d'une gorge étroite, resserrée, où les eaux du fleuve ou plutôt du Gave se brisent en flots d'écume contre la barrière du roc qui leur dispute un passage.

Des portes, des fenêtres s'ouvrent de distance en distance aux flancs de deux murailles de marbre, au-dessus desquelles pendent mille rochers effrayants, qu'une main invisible semble tenir enchaînés sur les profondeurs de la gorge où ils sont prêts à s'abîmer. On est à St-Béat... Les impressions qu'on vient d'éprouver devant le pic de Gard ont disparu déjà pour faire place à un sentiment pénible mêlé de surprise et d'effroi. Comme les sommets inclinés de ces montagnes pèsent sur le cœur et le serrent ! qu'on voudrait pouvoir soustraire au danger qui les menace, ces riches maisons de marbre, aux toits ardoisés, et plus encore cette population intéressante et belle qui, insoucieuse, se promène, à l'ombre de ces rochers effrayants, comme sous un dais de feuillage ! puisse cette population être toujours aussi heureuse qu'elle est aimable, et que les craintes qu'éprouve l'étranger à l'aspect des lieux qu'elle habite ne se justifient jamais !...

Quoique l'aire de la ville soit extrêmement rétrécie, on y voit cependant une petite promenade, qu'ombrage une belle avenue de tilleuls.

A côté est un vieux castel, dont les ruines offrent encore des aspects pittoresques. Ce castel, que l'on construisit pour la défense du passage, fut l'origine de la ville (1). D'anciennes armoiries, qui peut-être existent encore aux archives de Saint-Béat, offraient deux montagnes ayant sur leurs sommets, l'une un loup, et l'autre un homme portant un drapeau dans lequel on lisait ces mots : *Passus lupi.*

De côté et d'autre de la ville se trouvent de riches carrières de marbre. L'une sur le bord du chemin qui conduit au village de Boutx, à l'est de Saint-Béat, fut exploitée avant la découverte de la poudre à canon, ainsi que l'attestent les traces de l'exploitation qui existent encore. L'autre, est sur la route de Marignac, au nord-ouest de la ville.

C'est de cette carrière qu'est sorti ce bloc de marbre blanc dont une grande partie de la France a admiré naguère les proportions colos-

(1) La ville de Saint-Béat fut fondée en 993, d'après les Bénédictins ; mais M. Castillon, d'Aspet, la fait remonter au neuvième siècle, époque à laquelle elle prit le nom du prêtre Béat, qui s'était opposé à la propagation des erreurs de Félix d'Urgel. *Histoire des populations Pyrénéennes et du Nébouzan,* tome 1er page 220.

sales, et que le ciseau d'un Praxitèle moderne
a métamorphosé depuis en statue équestre du
général Gaubert.

Au sortir à peine de Saint-Béat, le bassin,
qui s'élargit d'une manière très-sensible, présente des prairies et des jardins fertiles, où croîs-
sent une multitude d'arbres fruitiers, remarquables par la beauté et la richesse de la végétation.

Bientôt se montre, sur la droite de la route,
le hameau d'Arlos. Du côté opposé sont les deux
Argut, et un peu plus loin, le village plus considérable de Fos se dresse en amphithéâtre au-
dessus du torrent qu'il regarde courir à ses pieds,
et sur les bords duquel s'élèvent des masses immenses de sapins que des groupes d'ouvriers dis-
posent en radeaux.

Abandonnés aux ondes bondissantes du Gave,
ces enfants des montagnes courent rapides comme
la flèche rejoindre, à plus de trente lieues de distance, des milliers de routes arides qui faisaient
naguère avec eux l'ornement et l'orgueil des cimes
neigeuses d'Aran.

« Pour arriver jusques à la vallée de ce nom
» (d'Aran), on parcourt encore un certain trajet,
» durant lequel on ne trouve pas même de ha-

» meaux, et où le silence d'une vaste solitude
» qui se trouve aux limites de la France et de
» l'Espagne, ne laisse entendre aux voyageurs
» que le bruit des flots précipités et écumeux de
» la Garonne, lorsqu'ils vont se briser contre
» d'énormes rochers, ou bien le fracas d'un tor-
» rent qui forme à gauche une belle cascade, et
» se hâte d'apporter son tribut à cette rivière.

» Quelques prairies font tout l'ornement d'un
» sol qui se rétrécit de plus en plus, en sorte
» qu'on ne trouve plus enfin qu'une gorge pro-
» fonde que s'est évidemment creusée la Garonne
» dans l'épaisseur du roc (1). » On est au Pont-
du-Roi, aux portes de la vallée d'Aran.

(1) Topographie Médicale de la Haute-Garonne, par Saint-André,
page 158.

12

VALLÉE D'ARAN.

La vallée d'Aran , longtemps tributaire des Convenæ , fut cédée en 1192 à l'Espagne, parce que Béatrix, fille héritière de Bernard, comte de Comminges , la porta en dot à un seigneur d'Aragon ; son spirituel continua néanmoins à dépendre des évêques de Comminges jusqu'en 1802; mais à cette époque il releva de l'évêché d'Urgel , compris dans la Catalogne , dont la vallée d'Aran fait aussi partie. Devenue Française sous l'Empire , elle fut rendue en 1814 à l'Espagne dont elle dépend encore aujourd'hui.

Cette vallée , située sur le revers septentrional des monts pyrénéens les plus élevés, présente des sites imposants, grandioses, d'un aspect alpestre. Au-dessus du Pont-du-Roi , le défilé s'élargit insensiblement jusqu'au hameau de Pontaout,

appelé ainsi d'un pont hardi jeté sur la Garonne.
Ce village, que l'on aperçoit perché comme un
nid d'aigle sur une montagne à quelque distance
de la route, c'est *Canejan;* un peu plus loin, et
suivant toujours la route qui conduit à Vielle,
s'offre l'établissement thermal de Lés, bâti sur
des ruines romaines. Le vieux manoir des seigneurs du village sert aujourd'hui de logement
aux baigneurs; et le touriste qui va visiter ces
lieux trouve là : vins exquis, chocolat et cigar-
res d'Espagne. La route traverse ensuite le
village de Basost, aux toits d'ardoise, et, lon-
geant le gave resserré par de magnifiques masses de granit, arrive à Lasbordes, ancienne
capitale d'Aran; Vieille est encore loin, au-delà.
Entourée de vertes pelouses que dominent des
monts couronnés de neiges, elle se présente
enfin majestueuse et fière avec ses clochers,
ses flèches et le vieux Fortillon, palais du gou-
verneur.

Les nombreux cours d'eau qui sillonnent cette
vallée, les immenses forêts de hêtres et de
sapins qui la couvrent, et dont la verdure
forme pendant l'été le plus admirable contraste
avec les neiges qui se montrent encore sur la

cime des pics élevés, donnent à ces lieux un aspect tout à fait pittoresque. Les villages, qui du reste y sont très multipliés , présentent de chétives et petites chaumières dont les murs enfumés témoignent de la pauvreté des habitants. Ne pouvant trouver dans leurs montagnes les ressources nécessaires au besoin de la vie , les habitants d'Aran vont, comme les enfants de la Savoie , gagner leur pain dans des pays et des climats plus doux.

Les Aranais sont , en général , vigoureux et bien faits. Les femmes se font remarquer par la fraîcheur du coloris , la finesse et la beauté de la taille ; rieuses et enjouées elles recherchent avec passion les amusements , mais surtout les danses ; aussi , quand devenus plus ardents, les rayons du soleil ont fondu la neige sur les hautes montagnes , et que , fier de sa nouvelle parure , le vieux hêtre balance mollement sa cime au souffle d'une brise légère , les sons cadencés du tambourin viennent-ils , au milieu des transports d'une population ivre de joie, annoncer aux échos de la vallée entière que les *baillés* (la danse chérie) vont enfin commencer.

MONTREJEAU ET LA PLAINE DE RIVIÈRE.

———o–⊖–o———

Montrejeau, chef-lieu de canton de la Haute-
Garonne, est situé aux confins du département,
sur la route nationale de St-Gaudens à Tarbes.

Ses maisons, passablement élevées, sont ré-
gulièrement bâties avec de la pierre de taille, qui
est une espèce de marbre gris très-dur. Les rues
sont larges, bien alignées, entretenues avec
beaucoup de propreté et de goût. Au centre d'un
grand carré qui se trouve dans l'intérieur de la
ville, et tout autour duquel se dessine un vaste
péristyle, on remarque une place de forme également carrée, au-dessus de laquelle s'élève
l'hôtel de la Mairie, que couronne de la manière
la plus gracieuse un large dôme d'ardoise. Mais,
ce qu'il y a de plus remarquable, ce qui se recommande le plus à l'admiration dans Montrejeau,

c'est ce parc immense qui s'étend au nord-est de
la Cité (1). Vainement je chercherais à donner
ici une esquisse des beautés qu'il renferme ; tout
ce que je pourrais en dire serait de beaucoup
au-dessous de la réalité.

Comment décrire, en effet, ces colonnes, ces
statues, ces ponts, ces grottes, ces arceaux,
ces mille sentiers qui vont, reviennent, se croisent en zig-zag, le long desquels se groupent
des plantes et des arbres de climats et de pays
différents ! Comment peindre aussi ces larges
touffes de lierre qui, pendant autour des murs
de l'ancien labyrinthe, lui donnent cet air noble
et majestueux que le temps imprime en passant
au front des tours antiques ! Et ces oiseaux, cette
harmonie, ces fleurs et cette troupe de cygnes
au plumage éclatant qui se bercent sur la surface
limpide de ce large bassin, comment les décrire
encore ? Une description ne saurait donner une
idée exacte de ce parc, l'un des plus riches et
des plus beaux du département. Il faut le par-
courir, il faut le voir !...

(1) Ce parc est aujourd'hui la propriété de M. de Bizous, héritier de
M. de Lassus-Camon.

Montrejeau est une ville essentiellement com-
merciale, le centre où se réunissent, le lundi de
chaque semaine, les habitants des vallées voi-
sines. Aucun marché ne peut être comparé au
sien. Mais que dire de ses foires !... C'est pendant un jour de foire qu'il faut voir cette ville !
Des hommes, des femmes, des troupeaux de
toutes sortes de bêtes, des charrettes chargées de
marchandises et de denrées, des voitures que
précèdent ou suivent des bandes de saltimban-
ques et de charlatans; une foule immense, en
un mot, se rue alors vers ses longues et nombreuses avenues. Ce que l'on voit ne ressemble
plus à un marché; Montrejeau, ce jour-là, n'est
plus une ville, mais une véritable *Babel*.

Du haut de la place qui s'étend à l'orient de
la cité, le regard embrasse un paysage magnifique, que borne d'un côté l'immense rideau des
Pyrénées, et de l'autre, cette chaîne de coteaux
sur laquelle la ville de Montrejeau est assise,
et qui se prolonge jusques par derrière Saint-
Gaudens, dont on découvre à peine les tourelles
aux bornes de l'horizon. Un beau pont de pierre
solidement construit sur la Garonne, conduit un
peu plus bas à cette magnifique plaine de Rivière

qui se déroule à l'est avec ses routes , ses villages, avec le fleuve et ses immenses moissons.

Cette plaine , plus riche encore que la vallée de Comminges , à laquelle elle communique par une gorge étroite au sud-ouest , n'est cependant ni aussi fraîche , ni aussi variée. On ne voit dans celle-là que des moissons et quelques files d'érables ; celle-ci , au contraire , est couverte des arbres les plus beaux. L'une présente plus de régularité dans l'ensemble ; l'autre , plus d'agrément et de grâce. La plaine de Rivière est un vaste champ tout couvert d'épis d'or; la vallée de Comminges , un jardin délicieux , plein de fruits , de verdure et de fleurs.

SAINT-GAUDENS.

———o—⊖—o———

Saint-Gaudens, chef-lieu d'arrondissement de la Haute-Garonne , et la ville la plus importante du département après Toulouse, est située à quatre-vingt-neuf kilomètres et demi de cette dernière, sur la partie la plus évasée d'un plateau très-étendu qui domine d'assez loin la Garonne , en face des Pyrénées.

Cette ville, qui, selon les documents les plus authentiques, fut fondée au commencement du neuvième siècle, resta, jusqu'en 1534, sous la dépendance des comtes de Comminges.

Gaston de Foix l'en détacha à cette époque pour en faire la capitale du Nébouzan (pays des Onobuzates de Pline), dont le territoire n'avait que cinq ou six lieues de long sur trois de large (1).

Les comtes de Foix, les souverains de Navarre et les rois de France, qui se rendirent successivement maîtres de Saint-Gaudens, lui firent éprouver tous les désastres qu'entraînent avec elles les guerres civiles et de religion. Les Anglais la pillèrent en 1563, sous Jeanne, reine de Navarre, et le comte de Montgommery la saccagea à son tour, en allant combattre les catholiques qui occupaient presque tout le pays du Béarn. Cette ville eut encore à souffrir des troubles de la Fronde.

« Depuis 1706 jusqu'en 1714, dit M. Castillon, » d'Aspet (2), la ville de Saint-Gaudens fut

(1) « Suivant M. de Froidour (*Mémoires du pays et Etats du Né-* » *bouzan)*, qui écrivait, sous le règne de Louis XIV : Le Nébouzan est » un petit pays, situé au pied des Pyrénées, à la jonction des rivières de » Garonne et de Neste. Il contient en longueur cinq ou six lieues d'étendue, » allant du levant au couchant, et deux lieues environ de largeur, allant » du septentrion au midi ; il est enclavé dans le pays de Comminges, » Bigorra, Rivière et quatre vallées abonnées, appelées Aure, Neste, » Barousse et Magnoac ; il est du diocèse de Comminges, du gouver- » nement de la province de Guienne.» (*Statistique générale des départements Pyrénéens*, par M. Du Mège.

(2) *Histoire des populations Pyrénéennes, du Nébouzan et du pays de Comminges*, tome 1er.

» remplie de garnison dont elle eut beaucoup à
» souffrir. Ainsi, une compagnie de dragons,
» .qui avait le sieur Porquié pour capitaine, y
» commit de nombreux désordres. Après celle-
» ci, elle fut forcée de recevoir la compagnie
» du régiment de cavalerie de Monteil, qui y
» séjourna longtemps en quartier; enfin, une
» troisième, qui resta dans la ville pendant les
» années 1712 et 1713, se livra à toutes sortes
» d'excès : cette dernière était sous le comman-
» dement du duc de Noailles. »

Malgré tous ses revers, St-Gaudens est l'une
des plus importantes villes de la Haute-Garonne.
Des maisons bâties avec beaucoup d'élégance et
de goût, des rues généralement larges et bien
percées contribuent avec la beauté du site, qui
est des plus heureux, à faire de Saint-Gaudens
un séjour charmant. On y remarque une église
fort ancienne. Elle fut fondée au commencement
du neuvième siècle par Bernard Ier, évêque de
Comminges. Ce monument, dont la voûte est
assez élevée, se recommande moins à l'attention
du touriste par la richesse de ses ornements, que
par l'antiquité de son origine. L'ancien couvent
des Cordeliers, le collége, la sous-préfecture, le

palais de justice et l'établissement des bains du Bugatet, méritent encore d'être vus.

L'hôtel de la mairie (qui du reste ressemble très peu à un hôtel) renferme une bibliothèque considérable composée d'ouvrages fort précieux, en tête desquels se présente celui des savants de l'expédition d'Egypte. Mais ce que l'on ne peut voir sans surprise dans une ville aussi élégante, c'est cette vieille halle de bois, véritable nid de chauves-souris, aux piliers vermoulus, au toit écrasé et bas, qui se trouve au centre d'un grand carré dont elle détruit tout l'agrément et le charme. A droite est une petite place plantée d'acacias, à l'extrémité de laquelle un double escalier de marbre descend aux promenades pleines de fraîcheur et d'ombre, qui s'allongent au sud et à l'ouest de la ville, et d'où la vue domine un paysage délicieux.

Peu de villes ont un commerce aussi étendu, aussi considérable que Saint-Gaudens. Ses marchés, d'abord très médiocres, ont acquis depuis quelques années une importance telle qu'ils ne le cèdent guère aux plus célèbres des environs. Si l'on recherche la cause de ce développement rapide du commerce à Saint-Gaudens, on la trouvera à la fois dans l'administration sage et éclairée de ses magistrats, le caractère affable des habitants, et la situation exceptionnelle de la ville au centre d'un nombre considérable de bourgs et de villages très importants.

Saint-Gaudens ne se recommande pas seulement au point de vue de son commerce et de son industrie, elle est encore remarquable par les lumières dont elle est, après Toulouse, le centre et le foyer. On y trouve une société distinguée, brillante, composée de jurisconsultes, d'hommes de lettres et de magistrats éclairés. A ce nouveau titre, Saint-Gaudens mérite de tenir le second rang parmi les villes du département de la Haute-Garonne, et le tient en effet.

D'AUTRES COURSES ET D'AUTRES PROMENADES ENCORE.

Indépendamment des courses et promenades que je viens d'indiquer, il est, aux alentours de Barbazan, d'autres lieux que l'on doit visiter encore. De ce nombre sont : 1° la fabrique de porcelaines de Valentine, dont les produits rivalisent avec ceux de Limoges, de Creil et de Choisy-le-Roi ;

2o La papeterie de Camon, au milieu de prairies immenses, bordées de peupliers, où les eaux de la Garonne forment mille détours, méandres gracieux, qui, comme ceux dont parle Fénélon, semblent ne pouvoir quitter ces lieux enchantés ;

3o Les forges et les verreries de Nistos, dans une gorge sauvage, derrière le mont Sacon ;

4o L'intéressante vallée de Barousse, où se

trouve le fameux château de Bramevaque, bâti vers la fin du 11e siècle par Sanche de la Barthe, seigneur des vallées d'Aure, de Barousse, de Larboust et d'Aran (1). — Il y a dans ce château une grotte au fond de laquelle se trouvent, d'après une tradition populaire, des amas immenses d'or et d'argent, qu'un noir démon garde nuit et jour, et qu'il abandonnerait, dit-on, à celui qui, comme autrefois un moine du pays, serait assez audacieux pour oser l'aborder, et engager avec lui un combat.

L'ermitage de Garaison, situé dans un lieu agreste et sévère, à quelques kilomètres au nord-ouest de Montrejeau, serait encore le but d'une intéressante promenade à cheval. L'origine de Garaison ne remonte pas à une haute antiquité ; elle ne date que du commencement du 16e siècle. C'est aujourd'hui un lieu de pélerinage fameux dans toute la contrée.

Après toutes ces courses ou promenades, une ascension au mont Sacon offrirait des émotions

(1) La reine Marguerite, après s'être séparée de Henri-le-Grand, se retira au château de Bramevaque, où elle passa quelque temps. On trouve, dit-on, des actes signés par elle dans les archives de quelques villages voisins.

pleines de jouissances ; c'est de là qu'il faudrait dire adieu au pays de Rivière , à la vallée de Comminges, aux montagnes de Luchon et d'Aran, et à l'interminable horizon de Toulouse.

Récapitulant enfin pour chacun , je dirai , avec le spirituel auteur du *Guide manuel du Touriste à Luchon* : « Vous , baigneurs et buveurs , renoncez aux longues courses ; suivez les promenades et les courses modérées...

» Vous , touristes , allez et courez ! »

TROISIÈME PARTIE.

Analyse de quelques sources minérales dont la composition chimique se rapproche, d'après M. Filhol, de celles de Barbazan.

EAUX MINÉRALES D'AUDINAC (ARIÈGE).

« Les bains d'Audinac, dit M. Filhol (1), sont alimentés par deux sources thermo-minérales, que l'analyse classe parmi les eaux salines de la variété de celles désignées sous le nom de ferrugineuses acidulées.

Source des bains.

» L'eau de cette source est limpide, incolore; elle exhale une légère odeur d'acide sulphydrique; sa saveur est un peu amère; sa densité est de 1,0020.

» Un thermomètre centigrade que nous y avons plongé s'est fixé, au bout de peu de temps, à 22º 75; la température extérieure était, au même moment, de 14º.

(1) Eaux minérales des Pyrénées, page 499.

» De temps en temps et à des intervalles assez rapprochés, de grosses bulles gazeuses partent du fond de l'eau, et viennent crever à la surface.

» J'ai trouvé ce gaz composé de :

Azote.	96 gr. 50.
Oxigène.	1 50.
Acide carbonique. .	2
	100 gr. 00.

» Exposée à l'air, cette eau laisse déposer un sédiment rougeâtre composé de carbonates de chaux, de magnésie et de sequi-oxyde de fer.

» Un litre d'eau contient :

Sulfure de calcium. .	traces.
Chlorure de magnésium.	0,008.
Iodure de magnésium.	traces.
Carbonate de chaux. .	0,200.
— de magnésie. .	1,010.
Sulfate de chaux. . .	1,117.
— de magnésie. .	0,496.
Oxyde de fer. . . .	0,003.
— de manganèse. .	0,008.
Crénate de fer. . . .	traces.
Alumine.	traces.
Silicate de soude. . .	0,020.
— de potasse. .	traces.
Matière organique. . .	0,042.
Acide carbonique. .	0,079 ou 36 c. cub. 30.
Total. .	1,983.

Source indiquée sous le nom de LOUISE.

« La température de cette source est de 22° ;
sa densité, prise à 15°, égale 1,0019.

» Un litre de cette eau a fourni :

Chlorure de magnésium.	0,016.
Iodure.	traces.
Carbonate de chaux. .	0,150.
— de magnésie. .	0,004.
Sulfate de chaux. . .	0,935.
— de magnésie. .	0,464.
Oxyde de fer. . . .	0,007.
— de manganèse..	0,005.
Alumine.	traces.
Crénate de fer. . . .	0,008.
Silicate de soude. . .	0,012.
— de potasse. . .	traces.
Matière organique.. .	0,058.
Acide carbonique. . .	0,142 ou 71 c. cub.
Total. .	1,801.

» Il est à remarquer que le dépôt ferrugineux,
recueilli à la source et soumis à l'analyse, n'a
pas fourni de traces d'arsenic, tandis que ce

principe se retrouve dans presque tous les dépôts qu'abandonnent les eaux ferrugineuses.

» L'action thérapeutique des eaux d'Audinac est analogue à celle des eaux du même genre que nous avons déjà étudiées. »

Eaux minérales d'Aulus (Ariège).

———

« L'eau d'Aulus (1) est limpide, inodore ; sa saveur est légèrement amère ; sa densité, prise à la température de + 10º centigrades, est de 1,0027. Un thermomètre, plongé pendant un quart-d'heure dans la source, marquait 20º ; la température de l'air, au même instant, était de 11,5.

» D'après l'analyse que j'en ai faite, en 1847, de concert avec M. Pinaud, un litre de cette eau renferme :

(1) Eaux minérales des Pyrénées, page 506.

Acide carbonique. .	0,650 ou 32 c. cub. 04.
Chlorure de calcium.	0,0060.
— de sodium. .	0,0012.
Sulfate de chaux.. .	1,8167.
Sulfate de magnésie..	0,2093.
— de soude.. .	0,0120.
Carbonate de chaux.	0,1268.
—· de magnésie.	0,0386.
Oxyde de fer.. . .	0,0046.
Silice.	0,0076.
Acide crénique et apo-crénique. . . .	0,0064.
Manganèse. . . .	
Cuivre. , . . .	traces.
Arsenic.	
Total. .	2,2942.

» Les eaux minérales d'Aulus jouissent de propriétés analogues à celles des sources d'Audinac, de Bagnères-de-Bigorre, de Barbazan. D'après MM. Monnereau, Laugé et Bordes-Pages, elles ont produit d'excellents effets dans plusieurs cas d'affections chroniques, des voies digestives, de leucorrhée, d'aménorrhée, de rhumatisme chronique, de dartres.

» Ces eaux sont purgatives, et leur usage convient dans les cas d'asthénie de l'estomac ou des intestins. On assure, en outre, qu'elles ont produit des cures fort remarquables chez des individus atteints d'anciennes affections syphilitiques. »

Les sources dont la composition chimique paraît être la même, jouissent-elles des mêmes propriétés thérapeutiques ?

———

De ce que l'analyse semble démontrer que les eaux minérales de Barbazan, d'Audinac et d'Aulus ont une constitution chimique semblable, et que, par conséquent, elles doivent jouir de propriétés qui ont entre elles de l'analogie, est-on en droit d'en conclure qu'elles peuvent être conseillées indifféremment pour le traitement des mêmes maladies ? C'est ce qu'on ne saurait établir, sans doute, d'une manière certaine.

La ressemblance dans la composition de certaines eaux minérales est plutôt apparente que réelle, disent les savants, et ces eaux jouissent peut-être de qualités occultes qui échappent à l'analyse.

« Cette identité de composition chimique (*de certaines sources minérales*), dit le savant chimiste de Toulouse, est bien plus rare qu'on ne pense. Quant à moi, je la regarde comme n'existant presque jamais. Il y a dans les Pyrénées, comme à Vichy, et comme dans beaucoup d'autres endroits, des sources qui se ressemblent beaucoup et qu'on croirait identiques, si l'on s'en rapportait à des essais superficiels; mais quand on y regarde de près, on voit cette identité apparente s'effacer peu à peu ; des différences de plus en plus prononcées se dévoilent aux yeux de l'observateur, à mesure qu'il approfondit leur étude. Qu'on ne s'y trompe pas, il faut beaucoup de temps pour parvenir à distinguer les nuances légères qui distinguent certaines sources ; je dirai même qu'il faut pour cela plus de temps qu'on n'en consacre habituellement à l'analyse des eaux. — On porte généralement une attention trop exclusive sur les éléments minéralisateurs qui dominent dans une eau, et l'on se préoccupe fort peu de l'action de quelques autres éléments qui accompagnent les premiers, *et qui souvent réagissent sur eux avec assez de force pour les dénaturer et changer complétement la forme des médicaments* (1). »

_____

(1) Eaux minérales des Pyrénées, par M. Filhol, pages 14 et 15.

Voici ce que dit encore le même auteur dans un autre endroit de son ouvrage :

« S'il arrive quelquefois que l'observation médicale n'est pas d'accord avec les prévisions de la chimie, n'en accusons ni la chimie, ni la médecine, accusons plutôt le chimiste ou le médecin ; l'harmonie qui existe entre les diverses sciences est trop grande pour que les données fournies par l'une d'elles soient en opposition avec celles que fournissent les autres. Quand les données de la chimie ne sont pas confirmées par l'observation médicale, nous devons tout simplement en conclure que l'un des observateurs a mal vu ou n'a pas tout vu. — Qu'on n'aille pas croire que je prétends imposer au médecin les analyses chimiques comme un guide sûr et infaillible ; loin de moi de pareilles idées ; je crois que la connaissance exacte de la composition des eaux minérales constitue l'un des bons moyens dont le praticien peut se servir pour s'éclairer sur leurs vertus ; mais ce moyen serait insuffisant, s'il était employé seul, quel que fût le degré de perfection de l'analyse des eaux (1). »

(1) Eaux minérales des Pyrénées, préface, page XII.

Comme on le voit, ce n'est pas toujours d'après les principes constituants qui dominent dans une eau minérale, qu'on doit en calculer les effets. Le médecin doit s'attacher à connaître les vertus particulières des différentes sources, afin de pouvoir faire un choix éclairé dans leur application. Sans doute, l'analyse chimique sera pour lui un puissant moyen de les reconnaître, ces vertus; mais c'est surtout l'expérience qui sera son flambeau :

« *Duo sunt præcipui medicinæ cardines, ratio et observatio ; observatio tamen est filum ad quod dirigi debent medicorum ratiocinia (1).* »

(1) Baglidi.

FIN.

ERRATA.

Page 35 , ligne 13e , au lieu de acidulée , *lisez* acidulé.

— 36 , ligne 16e , au lieu de acidulée , *lisez* acidulé.

— *Id.* , ligne 17e , au lieu de saturée , *lisez* saturé.

— *Id.* , ligne 18e , au lieu de mêlée , *lisez* mêlé.

— 48 , ligne 21e , au lieu de verrées , *lisez* verres.

— 125 , 3e ligne , 1er alinéa , située sur , *lisez* située la.

TABLE DES MATIÈRES.

Avant-Propos   VII

PREMIÈRE PARTIE.

Histoire des eaux minérales. 11

Thermes de Barbazan. 15

Analyse chimique des eaux minérales de Barbazan, par Saint-André. 19

Idem, par M. E. Filhol. 31

Propriétés thérapeutiques des eaux minérales de Barbazan. 43

Vertus médicales des eaux de Barbazan, prouvées par les observations de quelques médecins. 47

Ressources offertes aux malades par la station thermale de Barbazan. 81

Des moyens propres à seconder ou activer l'effet salutaire des eaux de Barbazan. . . 84

Lettre circulaire aux docteurs médecins. . . 88

DEUXIÈME PARTIE.

La Vallée de Comminges. 95

Barbazan. 99

Le Château. 108

Le Bosquet des bains. 112

La Forêt de hêtres de Sars. 115

Le Lac. 120

Saint-Bertrand de Comminges. 125

Cathédrale de Saint-Bertrand de Comminges. 138

Un jubilé à Saint-Bertrand. . . . . , . 146

Evêques de Saint-Bertrand de Comminges. . 151

La Grotte de Gargas. 155

Vallées supérieures de la Garonne. — Pic de
Gard. — Saint-Béat. 162

Vallée d'Aran. 170

Montrejeau et la Plaine de Rivière. . . . 173

Saint-Gaudens. 177

D'autres courses et d'autres promenades encore. 182

TROISIÈME PARTIE.

Eaux minérales d'Audinac. 187

Eaux minérales d'Aulus. 191

Les sources dont la composition chimique paraît être la même, jouissent-elles des mêmes
propriétés thérapeutiques? 194